El ARTE PERDIDO de la INTERCESIÓN

El ARTE PERDIDO de la INTERCESIÓN

JIM W. GOLL

Peniel

BUENOS AIRES - MIAMI - SAN JOSÉ - SANTIAGO

www.editorialpeniel.com

El *arte perdido de la intercesión*
Jim W. Goll

Publicado por:
Editorial Peniel
Boedo 25
Buenos Aires C1206AAA - Argentina
Tel. (54-11) 4981-6034 / 6178
e-mail: info@peniel.com

www.editorialpeniel.com

Originally published in the USA by Revival Press
An imprint of Destiny Image. Shippensburg, PA
under the title: *"The lost art of intercession"*
Copyright©1997 by Jim W Goll. USA

Diseño de cubierta e interior: arte@peniel.com

Se utilizó la Biblia versión Reina Valera Revisión 1960, salvo cuando se
indican otras: NVI (Nueva Versión Internacional) o TLA (Traducción en
Lenguaje Actual).

Impreso en Colombia
Printed in Colombia

Goll, Jim.
El arte perdido de la intercesión. – 1a ed. – Buenos Aires : Peniel, 2005
Traducido por: Beatriz Sesoldi.
ISBN 987-557-070-2
1. Vida Cristiana-Oración. I. Sesoldi, Beatriz, trad. II. Título CDD 248.32
176 p. ; 21x14 cm.

Reconocimientos

Por años, he tenido el gran privilegio de ser impactado por algunos de los más grandes maestros y generales de oración. Sus depósitos en mi vida han sido ricos e irremplazables. Pero, es a los "pequeños mayordomos" a quienes debo mi mayor agradecimiento. Agradezco al Señor por todos aquellos siervos que con sacrificio han ayudado a sostener mis brazos a medida que continuamos corriendo, con firmeza, la carrera que tenemos por delante.

También he tenido la bendición de una familia que me ha permitido y bendecido para ser todo lo que pueda ser en Dios, para ser la vasija única para la que Dios me ha creado. Quiero agradecer a mi familia –especialmente a mis padres, Wayne y Amanda Goll– por todo su apoyo. Gracias, mami, por marcar mi vida con el espíritu de oración a nuestro Rey.

Recomendaciones

"Autoridad y poder residen en este libro porque proviene de una vida que ha 'hecho', y luego enseña. Finalmente, estas preciosas piedras forjadas están delante de nosotros. ¡Recree su vista y permita que estas verdades cambien su vida! Prepárese para dar un paseo por una nueva dimensión de intercesión y adoración en su vida personal y corporativa de oración."

–Wesley Tullis, Director, The Jericó Center for Prayer and World Evangelization (Centro de Oración y Evangelización del Mundo Jericó), Colorado Springs, Colorado, EE.UU.

"Jim Goll es una de las personas de profecía e intercesión más apasionadas, respecto de las cosas de Dios, que haya conocido. Sus enseñanzas han sido muy útiles para mí y sé que serán de mucho enriquecimiento para aquellos que lean este libro."

–Randy Clark. Pastor Principal, St. Louis Vineyard Christian Fellowship (Confraternidad Cristiana Vineyard de St. Luis), Global Awakening Team Leader (Líder del Equipo de Despertar Global), St. Louis, Missouri, EE.UU.

"Si quiere ser consumido en el altar de Dios, si quiere que su corazón sea ensanchado para los propósitos de Dios en nuestra generación, entonces sacará provecho de este libro. El salmista dice que Dios confía en aquellos que le temen. El Señor confía diferentes cosas a diferentes personas, de modo que nos necesitamos unos a otros para estar completos. Jim Goll teme al Señor y el Señor le ha confiado algunas cosas que yo necesitaba. Usted también las necesita."

–Dr. Don Finto, Pastor, Belmont Family of Churches (Familia de Iglesias Belmont), Nashville, Tennessee, EE.UU.

"Jim Goll ha tenido un impacto significativo personalmente en mi vida y en la Iglesia Harvest Rock. Es un hombre que escucha a Dios y tiene el carácter para obedecer. Recomiendo mucho lo que tiene para decir acerca de la urgencia y del arte de la intercesión en esta hora crucial."

—**Che Ann, D.Min., Señor Pastor, Iglesia Harvest Rock; Fundador de Harvest International Ministries (Ministerios Internacionales Harvest), Pasadena, California, EE.UU.**

"He conocido a Jim Goll por más de quince años, y aprecio su pasión por Jesús y su aptitud para la intercesión y la profecía. Jim fue el Director de la Escuela del Espíritu en nuestro Grace Training Center (Centro de Entrenamiento Gracia) en la ciudad de Kansas, por seis años, y sus clases estaban entre las favoritas de nuestros estudiantes."

—**Mike Bickle, Pastor Principal, Metro Christian Felowship (Confraternidad Cristiana Metro), Ciudad de Kansas, Missouri, EE.UU.; autor de** *Passion for Jesus* **(***Pasión por Jesús***).**

"No alcanzan las palabras para referirnos a la última contribución de Jim Goll al arsenal de libros profundos y prácticos sobre la oración. *El arte perdido de la intercesión* no es un tratado aburrido y académico sobre la oración. ¡No! Vibra con vida profética, y se completa con visitaciones angelicales, visiones y milagros. ¡Es algo apasionante! También, conociendo a Jim y a Michal Ann como lo hago, estas historias no son meramente la narración de segunda mano de las experiencias de otras personas, sino más bien visitaciones de primera mano como aquellas en los días bíblicos. He escuchado a muchas personas hablar y enseñar acerca de la oración, pero Jim Goll es aún uno de los mejores. No eluda este libro."

—**Wesley y Stacey Campbell, co-fundadores de Revival Now! Ministries (Ministerios ¡Avivamiento ahora!), Kelowna, British Columbia, Canadá.**

"'Somos epístolas escritas y leídas por todos los hombres.' Lo que hace creíble a este libro no es solo su agudeza en el ministerio de la intercesión, sino también el autor. Jim no es un principiante: es un oportuno guerrero. Sus escritos no son fragmentos recogidos de un investigador; más bien son lecciones obtenidas en las trincheras de la experiencia. Jim vive la vida de un intercesor... entonces lea y siga su ejemplo."

–David Ravenhill, Pastor, The Vineyard of Gig Harbor, Gig Harbor, Washington, EE.UU-; autor de *For God's sake, Grow up!* (*¡Por causa de Dios, crece!*)

C o n t e n i d o s

Prólogo

En enero de 1995 el Señor nos dijo: "**Velen conmigo**". En respuesta nosotros invitamos a alrededor de veinte personas para llevar a cabo desde las 22:00 del viernes hasta las 06:00 del sábado una "noche de vigilia", la cual consiste en no dormir por razones espirituales. Esperamos en Dios en adoración y oración, y participamos en comunión a través del cuerpo y la sangre de Cristo, en la Cena del Señor. Desde entonces cada viernes por la noche hemos hecho lo mismo. Hemos celebrado la vigilia con cuatro mil vigías presentes. Grupos de vigilia se levantan ahora aquí y en el exterior. ¡Nos encontramos en el medio de una renovada visitación en la que se manifiesta la gloria del Señor!

La oración es la espina dorsal de la Iglesia. Dios está. Restauremos nuestra genética espiritual mientras continuamos con la vigilia. Estamos experimentando una nueva dimensión de comunión con el Señor. Él está redefiniendo nuestro entendimiento de la oración.

El Señor nos habla una nueva palabra acerca de la antigua palabra. La antigua palabra es: "¡Oren!" La nueva palabra es "¡Oren corporativamente!" El Señor abre nuestros ojos a esta simple verdad: *la oración es donde todo comienza y termina en el reino del espíritu.* Allí es donde todo es alcanzado. La oración es el verdadero código genético de la Iglesia. Hemos experimentado otros genes mutantes que nos han hecho evolucionar lejos del verdadero diseño de Dios para su Cuerpo. *Pero Dios no va a hacer que suceda nada sin oración.*

Velar es una parte histórica de cada gran ministerio y de cada gran avivamiento. Un extracto del diario de John Wesley de 1739 dice: "El Sr. Hall, Kitchen, Ingram, Whitfield, Hutchings y mi hermano Charles estuvimos presentes en nuestro festival del amor en Fetter Lane, con alrededor de sesenta de nuestros hermanos. Aproximadamente a las 03:00, mientras continuábamos en nuestro tiempo de oración, el poder de Dios vino sobre nosotros de tal manera que muchos gritaron de excesivo gozo y muchos cayeron al suelo. Tan pronto como nos recuperamos un poco de lo reverente y maravilloso de su majestad, proclamamos a una voz: '¡Te alabamos, oh Dios! ¡Reconocemos que tú eres el Señor!'"

Joel y el pueblo de Israel, Wesley, los moravos y otros grupos han sido pioneros en la oración nocturna. Ellos cultivaron la tierra y plantaron las semillas del corazón de Dios por la oración corporativa. Dios ahora riega las semillas del avivamiento y levanta vigías para recoger la nueva cosecha a través de la oración.

Uno de estos vigías que el Señor ha levantado es Jim Goll. Ha sido el privilegio de Bonnie y el mío estar íntimamente involucrados en las vidas de Jim y Michal Ann Goll por varios años. Amamos su apasionado hambre por ver que se levante una generación de guerreros de oración.

En febrero de 1996, en una conferencia en donde ambos ministramos, hice un llamado a "vigías para que tomen su posición". Uno de los primeros en la fila fue, claro, mi querido amigo, Jim Goll. Mientras permanecía de pie ante mí como un soldado que espera órdenes, el Espíritu Santo se alzó dentro de mí y solté una proclama: "¡Tú eres llamado como un general en la vigilia del Señor!" Poco sabía en ese momento que Jim sería usado para escribir este libro necesario sobre *El arte perdido de la intercesión: Restauremos el poder y la pasión de la vigilia del Señor*. Con mucho gozo recomiendo este libro.

Como atalayas del Señor, estamos parados en las brechas y continuando las noches de vigilia para la liberación y avivamiento de nuestro pueblo, nuestras naciones y nuestro mundo. Esperamos que se nos una en el muro de oración, que mantenga la vigilia del Señor.

MAHESH CHAVDA
MINISTERIO INTERNACIONAL MAHESH CHAVDA
IGLESIA TODAS LAS NACIONES, CHARLOTTE, CAROLINA DEL NORTE, EE.UU.

Introducción

¿Tiene hambre de un auténtico avivamiento en la Tierra? ¿Arde su corazón con pasión por ver a Jesús recibir las recompensas de su sufrimiento? ¿Quiere hacer las obras de Cristo? Si es así, entonces pienso que Dios lo tuvo en mente cuando me impulsó a escribir *El arte perdido de la intercesión*.

Necesito decirle desde el comienzo que estoy determinado a infectarlo con una enfermedad santa y una justa obsesión. ¡Espero que se convierta en un total *adicto a la oración*! Creo que Dios quiere ver toda una generación de personas humildes y sacerdotales que se levante con pasión y unción para estar tomados de Dios como Él había estado tomado de ellos. Desesperadamente quiero ver este sueño convertido en realidad.

También debería saber que ¡en ninguna parte de las Escrituras encontrará "el *don* de la intercesión" listado, descrito y ni siquiera mencionado! Encontrará nueve dones del Espíritu descritos en 1 Corintios 12, junto con los dones de liderazgo o equipamiento descritos en Efesios 4, y una mezcla de los dos en el libro de Romanos. Incluso, en ningún lugar la intercesión es nombrada como un "don" o "gracia". ¿Por qué? Porque es el *privilegio* y *deber de la casa* de cada sacerdote en el reino de sacerdotes y reyes de Dios. ¡Esto es para los que hemos renacido!

A medida que lee estas palabras, Jesucristo intercede continuamente por usted y la Iglesia ante su Padre. *Y lo invita a hacer lo mismo.* De acuerdo a Romanos 8:34 y Hebreos 7:25, este ministerio de intercesión es continuo e inquebrantable.

Jesús, nuestra magnífica obsesión, es nuestro más excelente abogado –abogado intercesor, representante, y mediador– con el Padre. Él tomó su lugar entre nosotros y nuestro pecado, y sigue siendo nuestro intercesor entre nosotros y nuestro astuto enemigo, Satanás. Se identificó personalmente con toda nuestra depravación y cargó sobre sí mismo los pecados de cada generación humana. Luego Jesús, el Cordero de Dios sin mancha y libre de culpa, llevó nuestros pecados a la cruz y los removió para siempre muriendo como un hombre culpable de pecado para que nosotros fuéramos libres ¡Lo ha hecho todo!

¿Qué sucedería si este glorioso Cristo decidiera *actuar como nosotros* por un momento? ¿Qué sucedería si cruzara sus brazos hoy y dijera al Padre: "Yo ya hice mi parte. No voy a hacer nada más"? No, las Escrituras dicen que el Hijo incansable de Dios... *"puede salvar perpetuamente a los que por él se acercan a Dios, viviendo siempre para interceder por ellos"* (HEBREOS 7:25)

Jesucristo quiere que usted y yo nos unamos a Él allí en la presencia del Padre. ¿Se unirá a Él en "este camino poco transitado"? Él busca por toda la Tierra aventureros espirituales que busquen y excaven los tesoros perdidos del género santo. ¿Pagará el precio para ayudar a restaurar la gloria de Dios en la Tierra? ¿Quiere unirse a mí? Entonces, continúe leyendo, con valentía. Este libro fue escrito justo para usted.

Capítulo 1

Restauremos el fuego de Moravia

C omo Ezequiel sentado en el valle lleno de huesos secos, nosotros estábamos sentados en un gran cementerio lleno de lápidas que marcaban el lugar de descanso de cientos de santos moravos. Estos casi olvidados guerreros de oración han sido pioneros en algunas de las obras misioneras más ricas y más osadas en la historia de la Iglesia, pero en este día todo era silencio.

Conducidos allí por una misión profética en esa agradable tarde de febrero de 1993, diecinueve intercesores, incluyendo a mi esposa Michal Ann y yo, hicimos una pausa para orar antes de completar nuestra caminata por el cementerio. Nuestra meta era alcanzar la torre de madera de oración que tenía vista al cementerio y a la Villa Morava de Herrnhut, localizada en la frontera sudeste de Alemania, a través de Polonia y la República Checa. Mientras estábamos sentados en el cementerio durante ese tiempo de sombría oración, el Señor habló a mi corazón: "**Hijo de hombre, ¿pueden estos huesos vivir?**"

Y yo respondí con la misma respuesta dada por Ezequiel miles de años antes: "Señor soberano, tú lo sabes".

Momentos más tarde dejamos el cementerio y subimos la colina hacia la torre de oración. Después de abrir la puerta subí la escalera en forma de espiral hacia el entrepiso circular en la cima de la torre vigía de Moravia. Desde el punto favorable, pudimos ver más allá de los límites del este de Alemania hacia la vecina República Checa y Polonia, pero alguna mano invisible pareció simplemente alejarnos a todos de la vista. Mientras nos reunimos silenciosamente casi en un círculo, pudimos sentir un peso y una profunda expectativa que crecía en nuestros corazones. Algo iba a suceder...

Repentinamente cada persona en la torre fue abrumada con un espíritu imponente de intercesión, diferente a todo lo que siempre habíamos experimentado. Mientras orábamos, agonizábamos y gemíamos bajo la obvia influencia del Espíritu Santo, un fuerte viento sopló súbitamente en la torre donde estábamos parados; con su poder se llevó sombreros y bufandas. Todos sabíamos que este fenómeno natural era una manifestación visible de un poderoso mover del Espíritu de Dios.

> ¡Habíamos hecho surgir los vientos de la unción de Dios, y ese viento soplaba entre nosotros. Lo sentimos con la misma unción que Dios dio una vez a los guerreros de oración de Moravia del siglo XVIII!

Como una persona, sentimos una profunda y apesadumbrada congoja. Sabíamos lo que ocurría. Habíamos viajado unos quince mil kilómetros como un equipo y experimentado la increíble provisión y guía a lo largo de todo nuestro viaje para cumplir el mandato del Espíritu Santo. Nuestra misión era buscar a Dios por la unción del espíritu de oración que una vez descansó sobre el conde Nikolaus Ludwig von Zinzendorf y la comunidad de fe de Moravia. Ahora, así como el profeta Ezequiel hizo surgir los vientos de Dios en Ezequiel 37, nosotros hemos hecho surgir los vientos de la unción de Dios, y ese viento sopla entre nosotros. ¡Lo sentimos con la misma unción que Dios dio una vez a los guerreros de oración de Moravia del siglo XVIII!

Cuando el viento cesó, esperamos. ¿Fue completada nuestra misión? ¿Fue terminada tan pronto como comenzó? De alguna manera todos sabíamos que Dios aún no había terminado con nosotros. Lo confirmamos más tarde, pero al rato nos sentimos como una mujer en medio de un parto, estábamos en un momento de calma entre "contracciones". De repente fuimos golpeados espontáneamente como una persona, con un espíritu de congoja aún más fuerte, y un segundo viento comenzó a rugir a través del valle hacia el entrepiso de la torre de oración donde estábamos. Sentimos que ese segundo viento había traído una nueva ola de fe y unción para cumplir el mandato santo de hacer estallar este espíritu de oración en las naciones.

Inmediatamente sentí una "resplandeciente" impresión en mi interior de que Dios quería levantar la "casa de oración por todas las naciones" en ciento veinte ciudades, así como Él respiró su Espíritu en los ciento veinte guerreros de oración en el día de Pentecostés (VER MATEO 21:13; HECHOS 2). A partir de aquellas ciento veinte ciudades de oración, Dios procuraba cubrir la Tierra con su gloria. Casi todo en mi vida ha sido conducido por ese divino acuerdo con Dios en Herrnhut. En ese momento supe que el resto de mis días serían influenciados por lo que aconteció ese día en una torre sobre las tumbas del Conde Von Zinzendorf y de los hermanos de Moravia.

Tres hilos de verdad

¿Qué tenían los creyentes en Herrnhut que no tengamos nosotros hoy? Tiempo antes de pisar por primera vez la República Checa –antiguamente parte de Checoslovaquia–, había leído libros y artículos que describían la comunidad cristiana comúnmente llamada los moravos. Su historia está entrelazada con las vidas y ministerios de algunos de los líderes eclesiásticos más importantes de los grandes despertares y avivamientos que transformaron la sociedad occidental en el siglo XVIII. Aprendí que Dios les dio "tres hilos" alrededor de los cuales tejieron sus vidas, y esos hilos ayudaron a los moravos a convertirse en transformadores del mundo:

Tenían unidad relacional, comunidad espiritual y vida sacrificial.

El poder de su persistente oración produjo una pasión divina y celo por alcanzar al perdido. Muchos de ellos incluso se vendieron en esclavitud en lugares como Surinam, en Sudamérica, tan solo para poder llevar la luz del evangelio a sociedades cerradas.

Los moravos fueron los primeros misioneros a los esclavos de St. Thomas en las Islas Vírgenes; fueron a lugares extraños llamados Lapland y Greenland y a muchos lugares de África.

El tercer hilo fue descrito por un lema por el cual vivieron: "Nada funciona a menos que alguien ore". Esto cobró la forma de un compromiso corporativo con la oración y ministerio continuo al Señor. ¡Esta oración continuó vigente las veinticuatro horas al día, los siete días de la semana, cada día de cada año por más de cien años!

Los más de cien años de vigilia de oración y de una explosión global de misioneros moravos marcaron uno de los movimientos más puros del Espíritu en la historia de la iglesia, y cambió radicalmente la expresión del cristianismo en esa época. Muchos líderes hoy sienten virtualmente que cada gran esfuerzo misionero de los siglos XVIII y XIX –sin importar la afiliación denominacional– fue, en un sentido muy real, una parte del fruto del servicio sacrificial y de la oración profética e intercesora de los moravos. Su influencia continúa siendo sentida aún en nuestros días. El Señor planea claramente incrementar esa influencia una vez más.

Así como los ciento veinte creyentes permanecieron en el lugar alto en Jerusalén en Pentecostés y fueron "bautizados en fuego" por el Espíritu Santo prometido, aquellos que respondan al llamado de Dios de permanecer ante su rostro también serán bautizados con un fuego santo. El grupo de creyentes que se reunió en Herrnhut para alcanzar su sueño de libertad religiosa, estaba en el mismo estado que están hoy la mayoría de los cristianos. Vinieron de una amplia diversidad de antecedentes religiosos. Durante los primeros cinco años de su existencia comunal después de la fundación de la comunidad en 1722, experimentaron altercados, disensiones y contiendas.

No fueron mejores o peores que usted o yo, sino que hicieron un profundo compromiso con Jesucristo y con la oración, lo cual los transformó y cambió para siempre. Comenzaron a pensar los pensamientos de Dios y a sentir una ardiente compasión por el perdido, como la de Dios. Recibieron fe sobrenatural para abordar los desafíos que en muchos casos les costaría su libertad o sus propias vidas. Aún así, hicieron todo con fidelidad y gozo. Los moravos cambiaron el mundo porque permitieron que Dios los cambie. Dios quiere cambiar el mundo nuevamente y lo mira a usted y me mira a mí. ¿Está dispuesto a buscar el mismo fuego que inspiró a los creyentes de Moravia hace dos siglos?

El gozo y la confianza pacífica que los moravos exhibieron ante la adversidad y la muerte fueron legendarios. "El Conde Von Zinzendorf enseñó a los moravos a ser trovadores de Dios: primero miraban a la cruz y se regocijaban porque encontraban allí una cobertura para todos sus pecados. Zinzendorf una vez declaró: 'Somos el pueblo feliz del Salvador'. Los moravos han sido llamados el 'Pueblo de Pascua', y tal vez ningún otro cuerpo de cristianos ha expresado, tan apremiantemente, su adoración al Cordero exaltado".[1]

El encuentro de Wesley

Juan Wesley encontró por primera vez a los moravos durante un tormentoso viaje por el océano. Su influencia fue destinada a transformar para siempre su vida ¡y finalmente ayudó a iniciar el Gran Despertar que recorrió Inglaterra y América! El autor y maestro profético, Rick Joyner, publicó recientemente un folleto titulado, *Three Witnesses* (*Tres testigos*), que describe la obra milagrosa de los moravos, junto con su efecto sobre Juan Wesley en particular:

"Durante enero de 1736 Wesley estaba en un barco que costeaba América, el cual también llevaba un número de misioneros moravos. Fueron desafiados por su gran seriedad y humildad, a hacer para otros pasajeros las tareas más bajas que ninguno de los pasajeros ingleses haría. Cuando ofrecieron pagarles por ello, lo rechazaron, respondieron que 'era bueno para sus corazones orgullosos', y que 'su amoroso Salvador había hecho más por ellos'. Algunos de los pasajeros se abusaban terriblemente de ellos, incluso los golpeaban o derribaban, pero nunca devolvieron los golpes y ni siquiera se ofendían.

"Muchos percibieron a estos misioneros alemanes como cobardes, hasta que una gran tormenta irrumpió sobre el barco. Cuando la vela principal se rajó y el mar comenzó a anegar el barco, los ingleses tuvieron pánico, sus terribles gritos se alzaron por sobre el tumulto de la tormenta. Los moravos estaban sentados tranquilamente, cantando sus himnos. Después, cuando a uno de los moravos se le preguntó si estaba atemorizado durante la tormenta, respondió: 'Gracias a Dios, no'. Luego le preguntaron si sus mujeres e hijos estaban atemorizados, y él respondió: 'No; nuestras mujeres e hijos no tienen miedo de morir'. Wesley registró esto en su diario y agregó: 'Después de escuchar a los moravos fui a mis vecinos llorones y temblantes, y les señalé la diferencia a la hora del juicio, entre aquel que teme a Dios, y aquel que no le teme. A las doce el viento cesó. Este fue el día más glorioso que haya visto hasta ahora'."²

Wesley sabía que no poseía lo que vio en aquellas simples personas de fe, aquellas personas llamadas moravas. Él era un ministro ordenado, pero aún no había recibido a Cristo como su salvador. Fue fascinado por la confianza de los moravos ante la muerte inminente. Sabía que no tenía lo que ellos tenían, y decidió que lo quería... lo que sea que esto fuera.

El fuego de los creyentes moravos pareció encender un hambre por Dios por dondequiera que iban. Esa hambre solo podía ser satisfecha por un encuentro con el Dios viviente a quien ellos servían. ¡Dios desea que cada creyente, misionero y ministro caminara, trabajara y adorara hoy con el mismo fuego que los moravos llevaron consigo a incontables culturas y ciudades!

Juan Wesley era un ministro ordenado, pero aún no había recibido a Cristo como su salvador. Fue fascinado por la confianza de los moravos ante la muerte inminente. Sabía que no tenía lo que ellos tenían, y decidió que lo quería... lo que sea que esto fuera.

¡Dios está deseoso de encender ese fuego otra vez! En este tiempo lo que más quiere es ver su fuego rugir a través de continentes y culturas enteras a través de los recursos de todo su cuerpo, la Iglesia. A medida que lee estas palabras, el Espíritu de Dios enciende corazones alrededor del mundo, lleva a los creyentes a ponerse de rodillas y a los pecadores a la cruz. Está deseoso de cubrir la Tierra con la gloria del Padre, pero ha sido comisionado a hacerlo a través de las vidas transformadas de los seres humanos caídos, quienes han sido redimidos por la sangre de Jesucristo, el Cordero de Dios.

Hay un incidente involucrando a Aarón, el sacerdote, y al fuego de Dios, que describe la carga de mi corazón por este libro y la obra de Dios en esta generación. Se encuentra en Números 16:

*Y Jehová habló a Moisés, diciendo: Apartaos de en medio de esta congregación, y los consumiré en un momento. Y ellos se postraron sobre sus rostros. Y dijo Moisés a Aarón: **Toma el incensario, y pon en él fuego del altar, y sobre él pon incienso, y ve pronto a la congregación, y haz expiación** por ellos, porque el furor ha salido de la presencia de Jehová; la mortandad ha comenzado. Entonces tomó Aarón el incensario, como Moisés dijo, y **corrió en medio de la congregación;** y he aquí que la mortandad había comenzado en el pueblo; y él puso incienso, e hizo expiación por el pueblo, y **se puso entre los muertos y los vivos;** y cesó la mortandad. Y los que murieron en aquella mortandad fueron catorce mil setecientos, sin los muertos por la rebelión de Coré* (NÚMEROS 16:44-49, ÉNFASIS MÍO).

Aarón provee un cuadro vivo del intercesor. Cuando la congregación de Israel pecó por rebelarse contra sus líderes, Dios envió un juicio sobre ellos en forma de plaga que mató alrededor de quince mil personas. Muchos más hubieron muerto, pero Moisés dijo a Aarón, el sumo sacerdote, que rápidamente pusiera fuego del altar de Dios en su incensario o recipiente, junto con el incienso. Luego Aarón corrió literalmente en medio de la congregación con el fuego de Dios. Las Escrituras dicen que Aarón "se puso entre los muertos y los vivos". El humo fragante que ascendía del incensario ardiente, a medida que Aarón lo mecía de un lado a otro, formó una línea de demarcación entre dos grupos: los muertos y los vivos.

¿Cuáles son las aplicaciones para hoy?

¿Qué significa eso para nosotros? Asistí a un servicio ortodoxo ruso en un esfuerzo de entender mejor los principios en este pasaje del Antiguo Testamento. La palabra *Cantor* se refiere a un sacerdote que ora y canta cantos. Si alguna vez ha escuchado un canto gregoriano cantado con poder y unción, entonces sabe cuán hermoso y absolutamente increíble puede ser el canto de un cantor. El cantor tiene un incensario, una vasija o un vaso que está lleno de incienso. Durante todo el ministerio del cantor, este libera continuamente una dulce fragancia y humo que llena el santuario. Muchas veces este cantor sacerdote está vestido con insignias sacerdotales reales, mientras camina entre el pueblo con sus instrumentos del sacrificio –el incensario y el incienso–. Recuerdo al cantor ortodoxo ruso que cantaba de los salmos en gran alabanza: *"El Señor es bueno. Y su misericordia es para siempre"*.

> Dios quiere que su reino de reyes y sacerdotes tome, una vez más, el fuego de su presencia y se precipite con celo santo hacia las personas en necesidad. Todo lo que tiene que hacer es encontrar un "altar" donde el fuego de Dios arda junto con una abundante provisión de dulce incienso.

Luego oí al pueblo decir a una voz: "Amén. El Señor es bueno y su misericordia es para siempre. Amén".

Aquello que vi en el servicio ortodoxo fue lo que creo que es un cuadro muy preciso de lo que hizo Aarón. Sin embargo, en el día de la crisis cuando Aarón se paró cerca de la Presencia *shekinah* de Dios en el Lugar Santísimo para tomar del fuego del altar, creo que fue consumido con el celo del Señor de los Ejércitos ¡y se convirtió en un radical!

Eso es lo que Dios quiere hacer con usted y conmigo, y con cada persona que invoque el nombre del Señor. Quiere quebrar el poder de la intimidación en nuestras vidas y derribar el espíritu de temor que rechaza y evade al desconocido. Una vez escuché a mi amigo, Paul Cain, uno de los proféticos líderes estadistas de nuestros días, decir: "Uno de los problemas que tenemos es que estamos tan atemorizados de la pólvora, que no tenemos fuego".

Dios quiere que su reino de reyes y sacerdotes tome, una vez más, el fuego de su presencia y se precipite con celo santo hacia las personas en necesidad. Todo lo que tiene que hacer es encontrar un "altar" donde el fuego de Dios arda junto con una abundante provisión de dulce incienso. Quiere transformar nuestra generación a través de su gloria *shekinah*, así como transformó a Aarón.

Dios quiere usar a más personas hoy que solo a Moisés y Aarón. Una de las únicas cosas acerca de la Iglesia del Nuevo Pacto es que ¡Dios ha autorizado y ordenado a *cada creyente* a hacer la obra del ministerio! "Personas claves", o líderes eclesiásticos, no pueden hacer todo; de hecho, su trabajo o razón principal de estar de acuerdo con el apóstol Pablo, es *"para perfeccionar a los santos para la obra del ministerio, para la edificación del cuerpo de Cristo"* (EFESIOS 4:12). Dios quiere todo un ejército de obreros que hagan la tarea vital del ministerio y construir su cuerpo, la Iglesia.

La plaga en Números 16 fue detenida porque Aarón se paró en la brecha. Esta es la clásica definición de un intercesor: "uno que se para en la brecha por otro". Aarón se paró en la brecha por su generación, y la plaga se detuvo. Hay una plaga diabólica que corre desenfrenadamente hoy a través de nuestras iglesias, ciudades y naciones. Ahora el Señor llama a un pueblo sacerdotal para levantar y llevar personalmente el fuego santo de su Presencia para la salvación de su generación y para su gloria.

¿Quién se parará en la brecha?

Permítame acercarle esto a su hogar: Dios quiere poner su Espíritu sobre usted de tal manera que responda a sus citaciones con una repetición: "Sí, me pararé en la brecha aquí y ahora por mi generación. Pondré a un lado cada intimidación patética y cada complicación de la religión debilucha. Voy a hacer una diferencia: tomaré voluntariamente la cruz de un intercesor. Pondré a un lado mi vida por causa de otros ante Dios".

Dios está. Restauremos el antiguo fuego que una vez inspiró a los moravos a comenzar lo que en sus días fue la campaña misionera más grande desde el libro de los Hechos. Está. Restauremos su fuego para usted y para mí en esta generación, porque quiere que recojamos su cosecha. El primer paso comienza con la restauración del fuego en el altar de Dios.

Notas

1. Anthony J. Lewis, *Zinzendorf, El pionero ecuménico* (Londres: S.C.M. Press, 1962), pp. 73-74.

2. Rick Joyner, *Tres testigos* (Charlotte, Carolina del Norte: Morningstar Publications, 1997), p. 56.

Capítulo 2

Restauremos el fuego en el altar

"El fuego arderá continuamente en el altar; no se apagará"
(Levítico 6:13).

Hace varios años el Señor me llamó a pasar alrededor de un mes con Él en un "encierro solitario". Su propósito era claro: quería colocarme en una intensa "posición de María" para poder escuchar claramente lo que quería decirme.[1] No me di cuenta entonces, pero las palabras que escucharía al final de aquellas semanas de oración asilada serían parte de la fundación para mi ministerio durante el resto de esta década, y también para este libro. Luego aprendí que Él también dijo lo mismo a otro miembro de su Cuerpo alrededor del mundo.

Suspendí mi itinerario de viaje y me situé lejos del teléfono más cercano –la voz que necesitaba oír no necesita un teléfono ni un fax–. Durante ese período pasé preciosas horas esperando en el Señor, y Él me bendijo una y otra vez mientras me sentaba a sus pies y escuchaba cada una de sus palabras. Al final de mi consagración a la oración, el Espíritu Santo me dio una orden proveniente del trono del Padre: "Es tiempo del *fuego en el altar*". Yo había sido despertado en la noche unos pocos meses antes, y por dos horas mi mente había estado llena con ocho frases que mantuve circulando en mi pensamiento mientras veía el rostro de Dios: 'Encendiendo altares... el fuego y el altar... altares encendidos... altares llameantes... el altar y la llama... altares encendidos... altares en fuego". Pero la frase que más me cautivó fue: "Fuego en el altar".

En ese momento no lo había notado, pero esta era una cita exacta de una porción de Levítico 6:9, que dice: *"Manda a Aarón y a sus hijos, y diles: Esta es la ley del holocausto: el holocausto estará sobre el fuego encendido sobre el altar toda la noche, hasta la mañana; el fuego del altar arderá en él"* (énfasis mío).

> El conde Von Zinzendorf sabía que el fuego del altar significaba la *oración de los santos*, y percibió esta palabra como una orden literal para restaurar la oración incesante delante del Señor. La historia de la iglesia y, por consiguiente, la historia del mundo, nunca más sería la misma.

Esto es seguido, cuatro versículos después, por el mandato resumido: *"El fuego arderá continuamente en el altar; no se apagará"* (LEVÍTICO 6:13). De acuerdo al profesor Leslie K. Tarr, este es el versículo que el conde Von Zinzendorf recibió del Espíritu Santo en 1727, el que inspiró a la increíble vigilia de oración de cien años de los moravos, iniciada ese año.[2] El conde creyó que esta referencia se refería al altar del sacrificio, pero también entendió que esta función sacerdotal del Antiguo Testamento que involucra fuego y sacrificios, llevaba un mayor y perdurable significado en este lado de la cruz. Sabía que el fuego del altar significaba la *oración de los santos*, y percibió esta palabra como una orden literal para restaurar la oración incesante delante del Señor. La historia de la iglesia y, por consiguiente, la historia del mundo, nunca más sería la misma.

Una de las debilidades que percibo hoy en muchas iglesias de los Estados Unidos, es una profunda ignorancia e incluso un desdén hacia los tiempos del Antiguo Testamento. No es de sorprender que pocos creyentes estadounidenses entiendan el libro de Hebreos o las muchas referencias de Jesucristo que provienen del Antiguo Testamento. Todo aquel que desee caminar más cerca de Dios debe abrazar *toda* su Palabra, incluyendo los libros del Antiguo Testamento.

La revelación del conde Von Zinzerdorf proveniente del Libro de Levítico es un ejemplo importante de cómo Dios puede usar sombras, caracteres de las relaciones y tratos del Antiguo Testamento para revelar e ilustrarnos su obra hoy.

De acuerdo a las instrucciones que Aarón, el sumo sacerdote, recibió a través de Moisés en Levítico 16, antes de que el Sumo Sacerdote pudiera pasar a través del velo interno hacia el Más Santo Lugar o Lugar Santísimo, tenía que ministrar dos estaciones en las cortes externas y tres dentro del Lugar Santo. Primero ofrecía el sacrificio de sangre en el altar de bronce. Esto era seguido por el ceremonial del lavamiento de agua en la fuente. Después de entrar al Lugar Santo a través del velo externo, el sacerdote se acercaba al candelero —el que tiene siete lamparillas—. La mesa del pan de la proposición precedía un altar de incienso el que descansaba inmediatamente en frente del velo interior. Más allá del velo, en el Lugar Santísimo, estaba el arca del pacto, con el propiciatorio escoltado por los querubines que lo cubrían. Este era el lugar de comunión, el lugar donde la Presencia de Dios era manifestada y su gloria era hecha conocida.

El calendario profético de Dios

¿Dónde nos posicionamos corporativamente en la tabla profética del tiempo de Dios? Las estaciones de servicio en el tabernáculo de Moisés dibujan perfectamente la obra progresiva de Dios para perfeccionar a su Novia en la Tierra. La Reforma Protestante restauró las verdades espirituales representadas por el altar de bronce y su sacrificio de sangre. Este simple pero profundo entendimiento de la justificación por la fe en la sangre de Cristo, es el punto de partida en nuestro viaje hacia la presencia de Dios.

En 1800 Juan Wesley y el Santo Movimiento ayudaron a reclamar las verdades espirituales de la fuente: el lugar de limpieza y santificación. A la vuelta del siglo el Avivamiento Pentecostal regresó el énfasis del poder y los dones del Espíritu representados en el candelero —o los siete candeleros de oro—. Sesenta años más tarde esto fue seguido por la Renovación Carismática, el que destacó el compañerismo de la partición del pan como se exhibía en la mesa del pan de la proposición.

Tal vez hoy en el plan progresivo de Dios de manifestar la verdad, nos encontramos ministrando en el altar de incienso. Así como el sacerdocio de los creyentes del Nuevo Testamento, estamos proféticamente meciendo el censor de alabanza y oraciones hacia el Supremo Señor. Hoy nos paramos colectivamente ante el altar de incienso y ¡el tiempo de encender nuestro incienso ha llegado!

Un evento que cambia vidas

En enero de 1993 viajé a la República Checa con un grupo de intercesores para unirnos a los creyentes de allí en el "bautismo" de su nueva nación para el Señor. Mientras estábamos parados en la plataforma delante del Dan Drapal's Christian Fellowship of Prague (Confraternidad Cristiana de Praga de Dan Drapal) unas series de palabras parecieron caer en mi mente: "¿Has considerado la dimensión multi direccional de la oración?" Esta frase capturó mi atención, pero no tenía tiempo para meditarla, ya que era tiempo para soltar mi próxima declaración. Entonces, las palabras: "¡Recuerda, lo que sube debe bajar!" ardían en mi conciencia. ¿Qué era lo que el Señor trataba de decirme? ¿Tiene la oración más de una dirección? Mis pensamientos fueron llevados rápidamente a Apocalipsis 8:3-5:

> *Otro ángel vino entonces y se paró ante el altar, con un incensario de oro; y se le dio mucho incienso para añadirlo a las oraciones de todos los santos, sobre el altar de oro que estaba delante del trono. Y de la mano del ángel subió a la presencia de Dios el humo del incienso con las oraciones de los santos. Y el ángel tomó el incensario, y lo llenó del fuego del altar, y lo arrojó a la tierra; y hubo truenos, y voces, y relámpagos, y un terremoto.*

Podía comenzar a verlo: "¡Lo que sube baja!" Nuestras oraciones se elevan desde nuestra humilde habitación terrenal hacia su destino celestial. Los ángeles, que actúan como asistentes del altar, toman sus incensarios y los llenan con mucho incienso –que son las oraciones de los santos–. Los ángeles se convierten en los cantores celestiales, mecen nuestras oraciones y alabanzas delante de nuestro Señor. Luego toman los incensarios y los llenan con *fuego del altar* y lo regresan a la Tierra. Señales y maravillas siguen mientras lo que subió es enviado de regreso a la Tierra.

Una de estas "maravillas" que son descritas específicamente en Apocalipsis 8 es el relámpago. Asombroso, ¿no? Cerca de un año después Dios me dio otra pieza del rompecabezas en un poderoso sueño que recibí en Toronto, Ontario, Canadá. Se refería al "fuego descendente" de la ecuación divina: "Lo que sube debe bajar". Conducía mi segunda "Conferencia fuego en el altar" en la Comunidad Vineyard en Cambridge, un suburbio de Toronto, en diciembre de 1993. Mi última noche, en el cuarto de invitados de la casa del pastor, tuve un sueño en el cual vi cientos de relámpagos consecutivos que hacían astillas y desembocaban en la Tierra desde los cielos. No había personas ni palabras fueron dichas en el sueño, solo esta brillante lluvia de relámpagos que golpeaban continuamente la Tierra.

No sé que hora era, pero a alguna hora esa noche me desperté del sueño y me di cuenta que la habitación estaba llena con lo que llamo "el destino de Dios". Luego, con mis ojos bien abiertos, vi grandes letras de unos ochenta centímetros de altura colgando en la habitación, y decían: "Job 36:32". Solo esperé quietamente en la habitación y después de un rato encendí la luz y tomé mi Biblia. Estaba temeroso y perplejo por lo que leí en el versículo 32 y en los siguientes.

Toma entre sus manos el relámpago, y le ordena dar en el blanco. Su trueno anuncia la inminente tormenta, y hasta el ganado se presagia su llegada. Al llegar a este punto, me palpita el corazón como si fuera a salírseme del pecho. ¡Escucha, escucha el estruendo de su voz, el ruido estrepitoso que sale de su boca! Lanza sus rayos bajo el cielo entero, su resplandor, hasta los confines de la tierra (JOB 36:32-37:3, NVI).

Toma entre sus manos el *relámpago,* y le ordena que dé en el blanco. Aunque estas son las palabras de Eliú, parecen seguro estar de acuerdo con el cuadro del fuego de Dios en Apocalipsis 8:3-5. Más tarde aprendí que la palabra hebrea traducida como "dar en el blanco" es *paga*. Esta misma palabra es traducida como "intercesión" en Isaías 59:16, donde Dios lamenta en el pasaje mesiánico: *"Y vio que no había hombre, y se maravilló que no hubiera quien se interpusiese (paga); y lo salvó su brazo, y le afirmó su misma justicia"* (énfasis mío).

La intercesión libera la luz brillante de Dios o relámpago para "dar en el blanco" en la Tierra, ¡dirige el poder y la gloria de Dios hacia situaciones deseadas con resultados sobrenaturales! Un amigo me envió un extenso estudio sobre el relámpago en la Biblia y sugirió que relámpago es la Palabra ungida de Dios que sale de la boca de los santos. Creía que las Escrituras quieren decir que cuando hablamos la Palabra de Dios, esta sale de nuestra boca como relámpago para interceder y dar en el blanco, y derrota completamente a nuestros enemigos y trae el juicio de Dios a diversas situaciones, desnuda los corazones de los hombres y cumple lo que Dios ordenó que se cumpla. Tengo que estar de acuerdo, a medida que lo entiendo, en que esto está totalmente en línea con la Biblia.

El poder de la Palabra de Dios

Cuando la Palabra de Dios sale, canales de agua viva aparecen en medio de desiertos áridos. La Palabra de Dios ilumina todo, y nada puede esconderse de su poder de iluminación. Los poderes demoníacos tiemblan y se desvanecen ante su presencia. Cuando la Palabra de Dios es enviada en fe y obediencia, esta hará que las personas que nos rodean vean la gloria de Dios.

Otro cuadro de esta función dinámica de *paga* es que la intercesión "pinta el objetivo", ¡de modo que Dios puede apuntar hacia áreas de necesidad con su gloria! Él establece su "vistazo" sobre esos objetivos y "da en el blanco" con su relámpago o "despliegues de su brillante presencia".[3] Tenemos el privilegio de pintar objetivos sobre ciudades, naciones, iglesias e individuos, garantizando puntos de acceso a Aquel cuyas manos están cubiertas con luz. Por esto clamamos que la luz venza la oscuridad. Este sueño del continuo derramamiento de relámpagos desde el cielo vino en diciembre de

1993, siete semanas antes de que la explosión del Espíritu comenzara después de que el Señor enviara a Randy Clark a lo que entonces era la Confraternidad Cristiana Vineyard, en el Aeropuerto de Toronto. Desde entonces la lluvia de la Presencia de Dios sobre esa región ha sido continua. La esposa de un pastor del Estado de Washington estaba en un servicio en Toronto y "bajo la influencia" del Espíritu Santo, cuando la voz del Señor le susurró y le dijo:

– ¿Recuerdas todas las oraciones que has hecho por un avivamiento? Este es el comienzo de ello.

Desde entonces, incluso muchos han descubierto los fuegos de Dios que rugen desde lugares como Toronto, Pensacola y Londres.

> **La intercesión "pinta el objetivo", ¡de modo que Dios puede apuntar hacia áreas de necesidad con su gloria! Él establece su "vistazo" sobre esos objetivos y "da en el blanco" con su relámpago o "despliegues de su brillante presencia".**

No solo es asombroso y sorprendente que nuestras oraciones afecten el destino de individuos o naciones, sino que Dios también nos diga: "¡Regocíjense de que les fue dado el magnífico privilegio de ministrarme en el altar celestial más precioso! Regocíjense de que el altar de incienso es el que está más cercano a mi corazón". ¡Oh qué bendito don y privilegio es esta santa cosa llamada oración!

Más que cualquier otra cosa, la oración es la invitación del hombre enviada hacia el cielo para que la respuesta de Dios sea enviada hacia la Tierra, ¡lo humano en intercambio por lo celestial!

En 2 Crónicas 7:1-3 se describe gloriosamente este principio:

Cuando Salomón acabó de orar, descendió fuego de los cielos, y consumió el holocausto y las víctimas; y la gloria de Jehová llenó la casa. Y no podían entrar los sacerdotes en la casa de Jehová, porque la gloria de Jehová había llenado la casa de Jehová. Cuando vieron todos los hijos de

Israel descender el fuego y la gloria de Jehová sobre la casa, se postraron sobre sus rostros en el pavimento y adoraron, y alabaron a Jehová, diciendo: "Porque él es bueno, y su misericordia es para siempre".

¡Esto es lo que anhelamos! Lo hemos visto acontecer aquí y allí, en Toronto, Londres y Pensacola, y después en muchas otras ciudades a través del globo. ¡Pero debemos tener más, Señor! Queremos ver la gloria de Dios llenar la Tierra. *Acontecerá a través del intercambio.* Oraciones ascienden. Incienso se eleva. Señales de humo del hombre hacia el Supremo se elevan y declaran: "¡Envía el fuego!" El fuego celestial del altar entonces se precipita y la gloria del Señor llena su casa una vez más. Lo que sube debe bajar.

Presentémonos en el altar de Dios como nuestro servicio espiritual de adoración (VER ROMANOS 12.) Ofrezcamos los continuos sacrificios de alabanza y el incienso de oración. Y continuemos haciéndolo hasta que los ángeles tomen su incensario, lo llenen hasta desbordar y envíen nuevamente del *fuego sobre el altar* del cielo hacia nuestras moradas terrenales.

Aún así, permita que el fuego sobre el altar haga acrobacias. Que los sacerdotes de Dios se postren delante de Él. Que su gloria invada y llene su casa hasta que todo el pueblo de Dios clame: "¡Amén y amén!"

Sigamos el esquema

El "esquema" del Antiguo Testamento del tabernáculo de Moisés revela un antiguo y divino patrón, que marca la restauración metódica de la verdad y la práctica en la historia de la Iglesia. El tabernáculo fue dividido en tres áreas, y cada área fue equipada con piezas específicas de mobiliario para propósitos específicos. El camino hacia la Presencia de Dios requería que el Sumo Sacerdote del Antiguo Testamento se mueva progresivamente desde la corte externa hacia la corte interna –el Lugar Santo– y finalmente atravesase el velo hacia el Lugar Santísimo o Lugar Más Santo. Estos pasos de revelación progresiva tienen un notable paralelo con el plan de Dios de restauración para la Novia de su Hijo, la Iglesia:

La corte externa, donde el hombre pecador viene a Dios en necesidad de salvación

A. La Reforma Protestante
(Arrepentimiento y perdón: Primera Estación del Cordero)

1. Restauración del altar del sacrificio.

2. Restauración del sacrificio de la sangre.

3. Restauración de la justificación por la fe.

B. El Movimiento de Santidad
(Limpieza y Santificación: Segunda Estación del Cordero)

1. Restauración de la fuente de bronce.

2. Restauración del lavamiento de las manos.

3. Restauración de la limpieza y la santificación.

La corte interna, el Lugar Santo (solamente para sacerdotes)

C. El Derramamiento Pentecostal
(Iluminación y unción: Tercera Estación del Cordero)

1. Restauración del candelero de oro.

2. Restauración del acto de encender y que ardan los siete candeleros de oro.

3. Restauración del poder y los dones del Espíritu.

D. El Derramamiento Carismático (La porción completa del Pan de Dios: Cuarta Estación del Cordero)

1. Restauración de la mesa del pan de la proposición..

2. Restauración de los doce panes, que representan a las doce tribus de Israel.

3. Restauración del compañerismo en el Cuerpo de Cristo.

E. El Movimiento de Oración
(Adoración y oración: Quinta Estación del Cordero)

1. Restauración del altar del incienso.

2. Restauración del fuego ardiendo continuamente sobre el altar.

3. Restauración de la adoración y la oración.

¡El tiempo del incienso ha llegado! Que el altar del incienso tenga su lugar más cerca de la cortina delante del Lugar Santísimo, significa la especificidad espiritual de oración más cercana al corazón de Dios.

Tal vez la "sexta estación" del Cordero será descubrir toda una Iglesia de reyes y sacerdotes que ministran osadamente a Dios dentro del Lugar Santísimo, en completa visión de un mundo inconverso y de los principados y poderes del aire. Esto sería un literal cumplimiento del antiguo salmo de David en el cual dijo: *"El Señor es mi Pastor, nada me faltará (...) Aderezas mesa delante de mí en presencia de mis angustiadores"* (SALMO 23:1, 5).

Encuentro interesante, que si pregunta a personas en un servicio de adoración en la Iglesia Harvest Rock, en Pasadena, o en la Asamblea de Dios de Brownsville, o en la Iglesia Anglicana Holy Trinity Brompton, en Londres, o en algunos de los lugares donde el Espíritu de Dios es derramado, todos hablarán en los mismos términos. Dicen que sintieron la gloria y la Presencia de Dios que los inundaba. Esta es una de las maneras en que experimentamos la "presencia manifiesta de Dios", la cual es exactamente como el Antiguo Testamento describe la Presencia que descendió sobre el propiciatorio entre los querubines de oro del arca del pacto en los días de Aarón.

Amigos míos, el Dios de Abraham, Isaac y Jacob está vivo hoy. Se ha levantado para visitar a su pueblo, se sentó en el trono de adoración y oración que nosotros hemos hecho para Él a través de nuestra oración, alabanza, adoración e intercesión.

Algunas veces Dios rompe nuestros "modelos teóricos de oración". Observe, Él no es un Dios estático. No es un Dios "manso" que se alegra de permanecer dentro de nuestras limpias y pequeñas cajas, y paradigmas teológicos. De acuerdo a las Escrituras, cuando nos atrevamos acercarnos a Él, Él se acercará a nosotros (VER SANTIAGO 4:8) Eso significa que cuando se acerca al fuego consumidor de Dios, entonces Él acerca a usted el fuego de su Presencia. Eso significa que usted y yo vamos a sentir el calor de Dios y que también vamos a apasionarnos.

¿Está su corazón con fuego?

Considere las cualidades del fuego. En el reino natural el fuego purifica, abastece, ilumina y calienta. En el reino espiritual el fuego es visto como el poder de Dios para juzgar, santificar, dar poder, inspirar, iluminar, revelar y calentar el corazón. Es tiempo de acercarnos al altar de Dios y tomar los fuegos de Dios en nuestros corazones. Hay otra clase de respuesta divina a nuestro fuego e incienso, elevado en adición a su despacho de relámpago santo hacia la Tierra:

... descendió fuego de los cielos, y consumió el holocausto y las victimas; y la gloria de Jehová llenó la casa. Y no podían entrar los sacerdotes en la casa de Jehová, porque la gloria de Jehová había llenado la casa de Jehová (2 CRÓNICAS 7:1-2).

La restauración del fuego sobre el altar no es un fin en sí mismo. Sino que es el primer paso en una progresión hacia nuestro amoroso Dios. En el próximo paso Dios quiere que nuestros ojos y corazones miren hacia afuera, desde nosotros hacia los demás, con compasión, como la de nuestro gran Sumo Sacerdote y Principal Intercesor.

Notas

1. La "Posición de María" es la postura de adoración y clamor sincero, mientras usted está sentado a los pies de Jesús, con Él como su único y total punto de atención. Esto está en contraste con la cercana posición de "Marta". Marta se ocupaba de los detalles del trabajo, y es caracterizada por mucha distracción, preocupación y cuidado. Su ocupación la mantenía alejada de las palabras y del rostro de Jesús (ver Lucas 10:38-42).

2. Leslie K. Tarr, *"Una reunión de oración que duró cien años"*, Revista *Decisión* (Asociación Evangelística Billy Graham, mayo de 1977). Usado con permiso.

3. Este término "brillante presencia" es parte de otra visión concerniente a la "mayor arma de guerra espiritual" de Dios, la cual cubro en detalle en el capítulo 6 de este libro, llamado "Restauremos el camino desde la oración hacia la Presencia del Señor".

Capítulo 3

Restauremos el rol sacerdotal de la intercesión

*Vosotros también, como piedras vivas, sed edificados como casa
espiritual y sacerdocio santo, para ofrecer sacrificios espirituales
aceptables a Dios por medio de Jesucristo* (1 PEDRO 2:5).

H ace varios años estaba ministrando en Phoenix, Arizona,
EE.UU., cuando vi una visión tomar forma en frente de mí. Vi
una oruga que parecía estar tejiendo algo, y me di cuenta que estaba formando un capullo a su alrededor. Cuando llegó el tiempo de
que finalmente emerja de su crisálida, esta oruga tuvo que luchar para escapar de su matriz de transformación. Sin embargo, mientras
observaba, la criatura luchó hasta que finalmente emergió como una
mariposa completamente formada, ataviada con colores brillantes e
iridiscentes. Cuando pregunté al Señor acerca de esto, me dijo: "Es
la Iglesia en metamorfosis".

Casi todos estarían de acuerdo en este punto del tiempo que la
Iglesia está en un lugar de cambio. Pero si estamos para lograr la
plenitud de todo lo que Dios ha profetizado que seamos, entonces
debemos permitir al Espíritu Santo que sea nuestro tutor y nos
conduzca a la morada secreta del Dios Altísimo. Es allí en su presencia, escondidos de la influencia del mundo, donde somos cam-
biados en otra dimensión y expresión de su gloria. *Todos* tenemos
un designio divino para estar "encerrados con Dios en un lugar

El arte perdido de la intercesión

secreto". Somos una raza sacerdotal en transición. Somos llamados a ejercer presión a Dios a través de Cristo y vencer nuestros obstáculos carnales y distracciones del mundo, de modo de poder colaborar con Él para cumplir sus planes y propósitos. La vida cristiana es una vida de cambio, de metamorfosis de lo antiguo a lo nuevo, de transformación "de gloria en gloria", a medida que admiramos el rostro de Jesús en el Más Santo Lugar.

Entonces emergeremos de nuestra santa soledad ataviados con su gloria iridiscente, rehechos completamente como expresiones, de muchas facetas, de su amor, de su naturaleza y de su gloria. Sabemos dónde estamos y lo que somos ahora. Pero Dios tiene un plan, un bosquejo a partir del cual trabaja. Esto es lo que la Palabra de Dios dice en que deberíamos convertirnos:

Y nos ha hecho para nuestro Dios reyes y sacerdotes, y reinaremos sobre la tierra (APOCALIPSIS 5:10).

Pues si por la trasgresión de uno solo reinó la muerte, mucho más reinarán en vida por uno solo, Jesucristo, los que reciben la abundancia de la gracia y del don de la justicia (ROMANOS 5:17).

Así que, hermanos, os ruego por las misericordias de Dios, que presentéis vuestros cuerpos en sacrificio vivo, santo, agradable a Dios, que es vuestro culto racional. No os conforméis a este siglo, sino transformaos por medio de la renovación de vuestro entendimiento, para que comprobéis cuál sea la buena voluntad de Dios, agradable y perfecta (ROMANOS 12:1-2).

Si hay alguna cosa que yo quisiera plantar en su corazón, sería esta: la oración no es una actividad y no es una aplicación. Es vida hallada en una persona. Una vez que usted ve a Jesús, una vez que las vendas caen de sus ojos en la gloria de su Presencia, ¡sus actitudes respecto a la oración cambiarán totalmente! Esta cosa de la oración, esta cosa de la intercesión, de pararse en la brecha, de hacer una súplica a un superior, ¡no es una tarea difícil! Es un gozo. Se llama vida en el Reino.

Los paralelos entre los deberes de los sacerdotes del Antiguo Testamento que sirvieron en el tabernáculo de Moisés y la misión sacerdotal de los creyentes hoy, son demasiado importantes para ignorar o descartar. Aunque la clase de sacrificios que ofrecemos hoy y nuestras razones de ofrecerlos son dramáticamente diferentes, aún es útil estudiar el sacerdocio del Antiguo Testamento. Podemos ampliar nuestro conocimiento y entendimiento de la oración si examinamos las funciones sacerdotales de los hijos de Aarón, porque esas funciones fueron instituidas por Dios mismo, como una clase y sombra del gran sacerdocio de Jesucristo y de aquellos que lo siguieron.

A medida que estudiamos los patrones del Antiguo Testamento, deberíamos recordar que cada creyente es llamado a ser un sacerdote para el Señor hoy. Aquellos deberes no están limitados solo a un grupo selecto, y necesitamos entender que *¡no hay mayor deber que un creyente pueda realizar que orar!* Esta es la principal función del creyente y sacerdote hoy.

Removamos los bloqueos

En septiembre de 1991 estaba ministrando en la ciudad de Nueva York con mi esposa Michal Ann, cuando la Presencia del Espíritu Santo vino a reposar sobre mí, temprano en la mañana. Comencé a escuchar su voz a hablarme claramente la siguiente frase: "Liberaré nuevos entendimientos de identificación en la intercesión por los cuales las bases legales de los derechos de los poderes demoníacos del aire que subsisten, serán removidas. Entonces, en esa hora mi pueblo hablará mi Palabra y derribaré al enemigo".

De todos modos, ¿qué es esta cosa de "identificación en la intercesión"? Creo que es un arte perdido, y es tal vez uno de los mayores aspectos de la verdadera intercesión, pero incluso el más pasado por alto. Es la capacidad y función de identificarse personalmente con las necesidades de los demás, de tal manera que en el corazón usted sea uno con ellos por medio del Espíritu Santo. Es expresado cuando nos identificamos con Jesús y seguimos sus pasos, porque sus pasos nos conducirán más allá de las cuatro paredes de nuestras iglesias, hacia las calles de un mundo quebrado lleno de prostitutas, criminales, perdedores, y de personas quebradas y heridas; en otras palabras, a personas reales con problemas reales. Él nos conduce a un sacerdocio genuino donde, como nuestro Maestro y Sumo Sacerdote, podamos ser tocados por las dolencias, tentaciones y batallas de otros (VER HEBREOS 4:15). La única manera en que podemos *interceder* genuina y efectivamente es con un corazón con compasión, contrición y desesperación, con un corazón que palpita con los sufrimientos de otros como si fueran propios.

¿Qué es esta cosa de "identificación en la intercesión"? Creo que es un arte perdido, y es tal vez uno de los mayores aspectos de la verdadera intercesión, pero incluso el más pasado por alto. Es la capacidad y función de identificarse personalmente con las necesidades de los demás, de tal manera que en el corazón usted sea uno con ellos por medio del Espíritu Santo.

A través del trabajo interior del Espíritu de revelación, podemos identificarnos con los juicios justos de Dios los cuales son oportunos, e incluso experimentar su gran pasión por expresar su gracia y misericordia. Nuestros ojos serán abiertos a la horrible condición de las personas y a los pecados específicos que bloquean su camino hacia la cruz. Entonces, *eligiendo ser uno con ellos*, dejando a un lado nuestra posición por causa de otros, nuestros corazones serán encendidos por el Espíritu de Dios para pronunciar gritos de confesión y de indecible intercesión a favor de ellos. A medida que de nuestros corazones confesemos pecado, desgracia, fracaso y humillación al Señor por ellos, quitaremos todo obstáculo del enemigo de modo que aquellos por quienes nos ocupamos, vengan a la cruz en arrepentimiento y restauración.

Esta forma de intercesión es un arte perdido en nuestra moderna sociedad materialista y orientada al éxito de hoy. Necesitamos más personas con un corazón como el del apóstol Pablo, quien escribió en la angustia de un verdadero intercesor:

Verdad digo en Cristo, no miento, y mi conciencia me da testimonio en el Espíritu Santo, que tengo gran tristeza y continuo dolor en mi corazón. **Porque deseara yo mismo ser anatema, separado de Cristo, por amor a mis hermanos, los que son mis parientes según la carne** (ROMANOS 9:1-3, ÉNFASIS MÍO).

Busquémoslo por estas profundas obras en nuestras vidas, de modo que *en nuestros días* el Señor, el Juez de todo, nos halle parados en la brecha por nuestra Iglesia, por nuestra nación, y por el necesitado y el perdido. Tal vez la identificación en la intercesión es la boda del espíritu de revelación, descrita en Efesios 1:7-8, con el espíritu de convicción descrita por Jesús, quien convencería al mundo de *"pecado, de justicia y de juicio"* (VER JUAN 16:8).

El Espíritu Santo iluminó ciertas Escrituras con nuevo entendimiento a la luz de la palabra que recibí en la ciudad de Nueva York, particularmente este pasaje en el Libro de Isaías :

Y dirá: Allanad, allanad; barred el camino, quitad los tropiezos del camino de mi pueblo. Porque así dijo el Alto y Sublime, el que habita la eternidad, y cuyo nombre es el Santo: Yo habito en la altura y la santidad, y con el quebrantado y humilde de espíritu, para hacer vivir el espíritu de los humildes, y para vivificar el corazón de los quebrantados (57:14-15).

El Espíritu quiere tomar pasajes de las Escrituras como este y casarlos con revelación y convicción. Entonces nos traerá revelación y entendimiento profético, y nos mostrará cómo usar la Palabra de Dios como "motoniveladoras santas", para quitar del camino el obstáculo del pecado y anular la maldición sobre la Tierra.

Pablo escribió: *"Y al que vosotros perdonáis, yo también; porque también yo lo que he perdonado, si algo he perdonado, por vosotros lo he hecho en presencia de Cristo, para que* **Satanás** *no gane ventaja alguna sobre nosotros; pues no ignoramos sus maquinaciones"* (2 CORINTIOS 2:10-11, ÉNFASIS MÍO). Dios quiere que oremos e intercedamos con gran poder y efectividad, no dando golpes tontos al aire como un boxeador pobremente entrenado (VER 1 CORINTIOS 9:26). El Espíritu Santo quiere enseñarnos cómo "remover las bases legales de los poderes demoníacos del aire, que subsisten", de modo que todo obstáculo diabólico sea removido.

La pasión de la intercesión brota del corazón de Jesucristo mismo, quien dijo: *"Alzad vuestros ojos, y mirad los campos, porque ya están blancos para la siega"* (JUAN 4:35B). Pienso que Jesús aquí dice algo que normalmente no comprendemos. Si verdaderamente levantamos nuestros ojos para ver con los ojos de Dios, ¡nuestra visión va a ser llena con la horrible condición de personas heridas que están separadas de Cristo! En un sentido, no necesitamos pedir a Dios una "carga" especial para ir a los campos. Solo necesitamos abrir nuestros ojos para ver a los hombres como Dios los ve. Entonces nuestros corazones serán movidos con una ardiente compasión que proviene directamente del corazón de Padre de Dios.

Cuadros de sacerdocio

Las raíces de nuestro gran ministerio sacerdotal se extienden desde años antes de nosotros, precediendo y anunciando el intento de la invasión de Dios de la historia humana a través de su Hijo, Jesucristo. El primer sacerdote registrado en las Escrituras pudo bien haber sido Adán, quien ministró en nombre de Dios y la creación de Dios en el jardín del Edén. Entonces tal vez lo vemos en el sacrificio aceptado de Abel. Pero el primer individuo llamado *kohen*, o sacerdote, fue Melquisedec, rey de Salem:

> ... *sacerdote del Dios Altísimo, sacó pan y vino; y le bendijo, diciendo: Bendito sea Abram del Dios Altísimo, creador de los cielos y de la tierra; y bendito sea el Dios Altísimo, que entregó tus enemigos en tu mano. Y le dio Abram los diezmos de todo* (GÉNESIS 14:18-20).

Incluso el primer sacerdote fue cuidadoso de ministrar en dos dimensiones: hacia Dios en nombre de los hombres, y hacia los hombres en nombre de Dios. Dios, más tarde, estableció el sacerdocio aarónico como parte de las instrucciones que le dio a Moisés en el Monte Sinaí, donde también le dio la ley registrada en tablas de piedra. Le dijo a Moisés que construyera una tienda de acuerdo a lineamientos muy específicos, como su habitación portátil en medio de su pueblo, mientras viajaban hacia la tierra prometida. Esta tienda fue llamada la "tienda de la Presencia de Dios" y el tabernáculo de Moisés. Contenía tres áreas principales concéntricas a las que solamente los sacerdotes de la tribu de Leví podían entrar, y solo después de haber sido ceremonialmente limpios.

La primera área, justo dentro de las cortinas de la tienda, era el patio o "lugar externo". Era el más grande de los tres espacios; contenía el altar de bronce y el lavabo de bronce, donde la sangre de los sacrificios de animales inocentes sin defectos era derramada, y donde sus cuerpos eran ofrecidos a Dios mediante fuego. El derramamiento de la sangre y el sacrificio del inocente por el culpable en aquellos sacrificios, anunciaba el derramamiento de la sangre inocente de Cristo y su sacrificio voluntario en la cruz, para quitar el pecado del mundo.

Era en el lavabo de bronce donde los sacerdotes sangrientos se lavaban antes de entrar en la tienda. A continuación estaba la tienda principal, un área cubierta que alojaba el Lugar Santo y la tercera área cercada llamada el Más Santo Lugar (o Lugar Santísimo, donde residía la gloria *shekinah* de Dios, o Presencia). Estos espacios representaban niveles de santidad en la Tierra. Cuanto más se ingresaba en el tabernáculo, más estrictos eran los requerimientos de santidad.

Los sacerdotes ministraban bajo el antiguo pacto y seguían una serie progresiva de rituales, para prepararse para ministrar ante la Presencia del Santo Dios en el tabernáculo. Primero, los sacrificios de sangre eran ofrecidos para la expiación del pecado en el patio externo. Se requería primero que el sacerdote viniera al lugar del sacrificio antes de poder entrar al tabernáculo y ministrar al Señor. Solo después de que Aarón, el sumo sacerdote, hubo hecho un sacrificio de sangre en el altar por su pecado y lavado en el lavabo, podía pasar a través del primer velo hacia el Lugar Santo.

Cuando Jesús entregó su vida por nosotros y derramó su sangre en la cruz, expió o pagó por nuestro pecado para siempre, y su sangre derramada se convirtió en una fuente que fluye, un lavabo santo que nos limpia de todo pecado. Se convirtió en el camino vivo y en la puerta eterna hacia el Lugar Santo de Dios, donde solo los sacerdotes podían entrar. En ese lugar nosotros, así como los sacerdotes del Señor, ofrecemos sacrificios de alabanza, culto y adoración, guiados y bañados por la luz de su Palabra, y sostenidos por el pan de su Palabra y la confraternidad de su cuerpo quebrado, la Iglesia.

Vayamos más allá del velo

Luego atravesamos el velo hacia el Lugar Santísimo y nos paramos delante del arca del pacto, donde el querubín de oro cubre con sus alas el propiciatorio, el lugar de la Presencia manifiesta de Dios. El propiciatorio es escasamente visible a través del humo dulcemente fragante del incienso de nuestras oraciones, alabanza y adoración. Solamente el sumo sacerdote podía entrar a este lugar en los días anteriores a la cruz, y luego solamente una vez al año en el Día de la Expiación.

> Cada función del sacerdocio aarónico representa una verdad acerca de la relación del hombre con Dios, que necesitamos entender a la luz de la cruz.

Las funciones de los sacerdotes del Antiguo Testamento anuncian la gran realidad que Dios desea ver manifiesta en su pueblo sacerdotal hoy. El escritor de Hebreos declara: *"Pero ahora tanto mejor ministerio es el suyo, cuanto es mediador de un mejor pacto, establecido sobre mejores promesas"* (HEBREOS 8:6). Luego compara cuidadosamente lo que llamo "la gloria de la primer casa" –la relación de los judíos con Dios a través de la ley y el sacrificio de animales– con "la gloria de la casa postrera" –la relación de todos los hombres con Dios el Padre a través de la sangre de su Hijo, el Cordero de Dios, Jesucristo–.

Cada función del sacerdocio aarónico representa una verdad acerca de la relación del hombre con Dios, que necesitamos entender a la luz de la cruz.

En el Antiguo Testamento solo el sumo sacerdote podía entrar al lugar de la "residencia" de Dios y tener comunión con Él. Bajo el nuevo pacto llevado a cabo por la muerte de Jesucristo, *todo creyente es un sacerdote.*

Los sacerdotes de la antigüedad conocían a Dios ritualmente, y en una relación que estaba limitada por el temor sin una revelación del amor. Hoy todo creyente puede conocer a Dios íntima y personalmente en una relación marcada por el amor, la misericordia y la gracia.

Los sacrificios aparentemente interminables del antiguo pacto tenían que ser repetidos cada vez que el sacerdote entraba al tabernáculo. Hoy podemos acceder a Dios en todo tiempo, a través de la sangre de Jesús, quien pagó la deuda por nuestro pecado de una vez y para siempre. Nuestros pecados son cubiertos por su sangre, y Él nos ha apartado para sí —nos ha santificado— como su preciada posesión, su Novia.

Los descendientes de Abraham conocían a Dios como el Espíritu invisible que vivía en una tienda —y por un corto tiempo, en una casa de piedra—. Hoy Dios ha cumplido su promesa y ya no reside en una tienda. En cambio, vive entre hombres y mora en nuestros corazones en la persona del Espíritu Santo. Este mismo Espíritu revela a Dios a cada creyente en un nivel personal y, como resultado, tenemos íntima comunión con Dios.

Las funciones sacerdotales del Antiguo Testamento nos señalan nuestros deberes como hijos de Dios en el Nuevo Testamento. Ahora hemos sido hechos sacerdotes y reyes en la línea del Mesías, como hijos e hijas de Dios. Sin embargo, ¡nuestro sacerdocio todavía incluye los instrumentos de la cruz y un altar de sacrificio, así como lo fue para el Señor!

Y decía a todos: Si alguno quiere venir en pos de mí, niéguese a sí mismo, tome su cruz cada día, y sígame. Porque todo el que quiera salvar su vida, la perderá; y todo el que pierda su vida por causa de mí, éste la salvará (LUCAS 9:23-24).

Así que, hermanos, os ruego por las misericordias de Dios, que presentéis vuestros cuerpos en sacrificio vivo, santo, agradable a Dios, que es vuestro culto racional. *No os conforméis a este siglo, sino transformaos por medio de la renovación de vuestro entendimiento, para que comprobéis cuál sea la buena voluntad de Dios, agradable y perfecta* (ROMANOS 12:1-2).

Dios intentó formar para sí un Reino de sacerdotes y reyes. Él siempre ha deseado confraternizar con nosotros en el altar del incienso. Ahora desea llamarnos más cerca, más allá del velo de separación, de manera de poder encontrarnos y comunicarse con nosotros en el Más Santo Lugar de su Presencia manifiesta. De modo que, observe, el sacerdocio aarónico del Antiguo Testamento fue solo una sombra de lo que Dios realmente deseó hacer una vez que el Cordero sacrificado completaba su misión de redención.

Tipos y sombras o no, ciertos aspectos del sacerdocio de la antigüedad fueron, no obstante, ordenados aplicarse en nuestros días. En Levítico 16 Dios dio a Moisés instrucciones muy detalladas acerca de las leyes de expiación y la progresión sacerdotal hacia la presencia de Dios, y ellos contienen algo que usted y yo necesitamos entender en nuestros días:

Después tomará un incensario lleno de brasas de fuego del altar de delante de Jehová, y sus puños llenos del perfume aromático molido, y lo llevará detrás del velo. Y pondrá el perfume sobre el fuego delante de Jehová, y la nube del perfume cubrirá el propiciatorio que está sobre el testimonio, para que no muera (LEVÍTICO 16:12-13).

Manda a los hijos de Israel que te traigan para el alumbrado aceite puro de olivas machacadas, para hacer arder las lámparas continuamente. Fuera del velo del testimonio, en el tabernáculo de reunión, las dispondrá Aarón desde la tarde hasta la mañana delante de Jehová; es estatuto perpetuo por vuestras generaciones (LEVÍTICO 24:2-3).

Estas ordenanzas para el Lugar Santo y el Lugar Santísimo hablan de "estatutos perpetuos para todas las generaciones". Perpetuo *aún* significa para siempre, incluso en nuestra generación. ¿No sabía Dios lo que decía? Pero pensé que estábamos bajo un nuevo pacto. Todas las cosas son nuevas; lo antiguo ha pasado. Entonces, ¿qué quiere decir Dios con "para siempre" en este contexto?

Salir de las sombras hacia la luz

Dios no nos exige que mantengamos una vigilia sobre un fuego en una tienda o en un templo de piedra, pero la realidad revelada en el principio permanece perpetua. Los sacrificios que deberíamos ofrecer al Señor como sacerdotes y reyes incluyen sacrificios de acción de gracia, alabanza, adoración, oración incesante y el servicio de intercesión. Esta es la razón por la que es necesario que Dios trate el llamado a la intercesión como una parte vital de todo esfuerzo por restaurar en su Iglesia el sacerdocio de todos los creyentes.

No hay vuelta en esto: cada sacerdote de Dios es llamado y ungido para orar e interceder. Un sacerdote sin oración no es un sacerdote. Así como las oraciones y la intercesión de Aarón con el incienso y el fuego del altar salvaron las vidas de miles el día que Coré se rebeló en Números 16, ¡nuestras oraciones e intercesión hacen la diferencia para las personas hoy!

¿Se dio cuenta que en ninguna parte de las Escrituras la oración, la alabanza, la adoración y la intercesión son técnicamente llamados un don espiritual especial? No está allí... ¡en ningún lugar se encuentra! ¿Sabe por qué? ¡Es el derecho de cada sacerdote! Dios es un patrón de igual oportunidad, y el ministerio de la oración y la alabanza es la descripción del trabajo de cada auténtico sacerdote.

> Cada sacerdote de Dios es llamado y ungido para orar e interceder. Un sacerdote sin oración no es un sacerdote. Así como las oraciones y la intercesión de Aarón con el incienso y el fuego del altar salvaron las vidas de miles el día que Coré se rebeló en Números 16, ¡nuestras oraciones e intercesión hacen la diferencia para las personas hoy!

Definamos nuestros términos

De acuerdo a Merriam-Webster, la palabra *interceder* significa "intervenir entre las partes con vistas a reconciliar diferencias: mediador".[1] La palabra original en latín significa básicamente "ir entre". Como notamos en el capítulo previo, la palabra hebrea para intercesión en el pasaje mesiánico de Isaías 59:16 es *paga*. Esta significa literalmente "dar en el blanco".

La importancia de la intercesión en nuestros días no puede ser sobreestimada, aún Satanás ha sido muy exitoso en sus intentos de convencer a los cristianos de que la oración es principalmente un ejercicio inútil en futilidad. Para los estadounidenses orientados a la acción en particular, la oración parece ser la cosa más tonta que podían hacer en tiempo de crisis, estrés o emergencia. ¡Jesús pensaba de otra manera!

En todos los Evangélicos encontramos a Jesús que desaparecía para pasar noches enteras en ferviente oración antes de ministrar a las masas el día siguiente. Eligió pasar su última noche antes de la crucifixión en el Jardín de Getsemaní .. en oración. En nuestros días hay incontables historias de intervención sobrenatural a través del poder de la oración e intercesión.

El poder del incienso

Jackie Pullinger-To es una maravillosa misionera radical, mujer de Estado que sirve al Señor en Hong Kong. A la edad de 19 años fue subyugada con la pasión de servir a Dios. Aunque ella no sabía dónde iba a ser, se ofreció incondicionalmente a Él para su servicio. Dios le dijo que tomara un bote en particular, de modo que se subió al bote; no sabía dónde iba a llevarla. Desembarcó en Hong Kong y fue llevada a un lugar llamado la "Ciudad Amurallada". Allí encontró a un hombre que era jefe de los señores de la droga en la Ciudad Amurallada. Él tenía un hermano llamado Alie que estudiaba para ser un monje budista. Alie también enfrentaba cargos en la corte por ser un supuesto cómplice con otros siete hombres, del asesinato de un rival de las drogas.

Jackie comenzó a visitar esa cárcel de Hong Kong, cada semana, para ministrar y testificar a esos hombres, y específicamente a Alie.

Cuatro de los hombres vinieron al Señor casi inmediatamente. Pero a pesar de que Jackie visitaba la cárcel cada día por nueve meses y daba testimonio a Alie acerca de Jesús, a través de un grueso vidrio divisorio, él era inconmovible.

Alie no lo admitiría, pero tenía mucho miedo de morir por un crimen que no cometió. Semana tras semana, Jackie Pullinger-To continuó ministrándolo:

– Sé que tienes miedo, Alie. Sé que tienes terror de morir, pero quiero decirte que hay un Dios amoroso. Hay un Dios de justicia que sabe todas las cosas y Él es un Padre de misericordia. Y yo he alistado a cristianos de todo el mundo para que oren y ayunen cada miércoles por ti, Alie.

Aunque Alie escuchaba y entendía las cosas que Jackie decía, aún se rehusaba a venir al Señor porque su corazón estaba endurecido.

Un día el director de la cárcel y un asistente pasaron por la celda de Alie y se hicieron el uno al otro la observación de que habían olido algo. Ellos no sabían qué era la extraña fragancia, pero pensaban que era alguna clase de perfume delicado con un olor fragante. Comenzaron a hacer preguntas a Alie acerca de la fragancia, pero Alie dijo:

– ¿Qué olor?

Perplejos, los dos hombres preguntaron a otros reclusos acerca del olor, hasta que toda la cárcel se llenó del olor fragante de ese extraño perfume.

Finalmente, el director de la cárcel envió autoridades a la celda de Alie. Inspeccionaron su cuerpo y no encontraron nada. Cuando olieron el aire que lo rodeaba, afirmaron y dijeron

– Sí, el olor es de aquí.

Aún así Alie no olía nada. Cuando los guardias se fueron, Alie comenzó a preguntarse, "¿Qué es ese olor?" Luego una pequeña palabra golpeó su interior. Era este un simple mensaje: "¡Oh, es miércoles!" Repentinamente, recordó las palabras de Jackie. ¡*Estaba oliendo a oración*! Se dio cuenta que toda su celda estaba llena con el aroma fragante de las oraciones de los santos.

Mientras Jackie continuaba visitando a Alie, hablaban de estas cosas. Un día Alie recibió a Jesús mientras Jackie oraba por él a través del vidrio divisorio. El Espíritu Santo vino sobre él y Alie comenzó a hablar en otras lenguas. El tiempo del juicio de Alie llegó. Alie fue delante del juez, quien lo liberó ¡sin oír el caso!

La fragancia de la oración

Alie fue salvo por causa de las oraciones ofrecidas a Dios en su favor. Tantas oraciones fueron dirigidas a Él en su pequeña celda, que el aire fue saturado con el dulce incienso de la intercesión. Cuando los creyentes de todo el mundo comenzaron a ejercer sus deberes sacerdotales y a ofrecer el incienso de la intercesión delante de la Presencia del Señor, el aire en la celda de esa prisión de Hong Kong fue tan llena con oración ¡que aún los inconversos podían oler su fragancia! El fruto de la oración fue que Alie rindió su vida a Jesús. ¿Alguien huele sus oraciones? ¿Puede alguien decir qué día es, por la fragancia de su intercesión?

Las leyes de Dios son inmutables, incluyendo las leyes naturales de gravedad: "¡Lo que sube debe bajar!" La ley de gravedad se aplica aquí. En los días de Aarón, el incienso de la oración creaba una nube a medida que el humo fragante del incienso cubría el propiciatorio sobre el arca del pacto. Entonces Dios descendía y destilaba sus cualidades visibles en medio de la nube donde se comunicaba con el Sumo Sacerdote. La Presencia de Dios siempre descendía *después* que la fragancia de la oración ascendía.

En nuestros días todo un reino de sacerdotes ha sido autorizado y comisionado a ministrar en la Presencia de Dios y a ofrecer oración, alabanza, adoración e intercesión incesante por todos los hombres.

He ponderado todas estas cosas a la luz de Apocalipsis 5:8, versículo que abre una ventana para nosotros hacia las operaciones y funciones del reino celestial. Juan nos dice que hay un altar en el cielo donde los ángeles ministran al Señor continuamente. Un ángel tiene un incensario que debe ser similar al recipiente de fuego de los sacerdotes aarónicos.

Otro ángel vino entonces y se paró ante el altar, con un in-
censario de oro; y se le dio mucho incienso para añadirlo a
las oraciones de todos los santos, sobre el altar de oro que
estaba delante del trono. Y de la mano del ángel subió a la
presencia de Dios el humo del incienso con las oraciones de
los santos. Y el ángel tomó el incensario, y lo llenó del fue-
go del altar, y lo arrojó a la tierra; y hubo truenos, y voces,
y relámpagos, y un terremoto (APOCALIPSIS 8:3-5).

La Biblia dice que el ángel tomó el incensario y lo llenó con fuego del altar mezclado con incienso. Al lado del altar en el cielo, hay también un tazón de oro llenó con incienso. ¿Qué es el incienso? Apocalipsis 5:8 nos dice que este incienso es la oración de los santos.

¿Cuál es la respuesta del Señor a la fragancia del incienso de nuestras oraciones elevadas ante Él? ¡Él ordena a un ángel que vuelque ese tazón y vierta las oraciones de los santos sobre el fuego del altar! Luego el ángel toma el incensario y lo llena con fuego del altar y del incienso de las oraciones de los santos, y envía el fuego desde el cielo sobre la Tierra.

Como hemos dicho antes: lo que sube debe bajar. Cuando las oraciones de los santos se elevan como incienso delante del trono de Dios, se juntan en un tazón de oro y arden nuevamente con el fuego del altar en la presencia del Dios Altísimo. Esto ilustra cómo nuestras oraciones son multiplicadas y saboreadas por Dios antes de Él responder enviando su fuego a la Tierra como oración respondida. Esta es la dimensión multidireccional de la oración. Recuerde: lo que sube debe bajar.

> **Dios atiende a las oraciones de los santos. Los creyentes son vasijas que ayudan a hacer una diferencia donde el juicio termina y la misericordia comienza.**

¿Dónde serán liberados los juicios?

Lo interesante es que la Biblia no dice dónde en la Tierra estos juicios serán liberados. ¿Por qué? Antes de liberar el juicio, Dios siempre atiende primero al tazón de oro, las oraciones de los santos. Primero escucha a los sacerdotes que ministran en el tabernáculo en el altar del incienso, que es el acto sacerdotal de la intercesión. Los creyentes son vasijas que ayudan a hacer una diferencia donde el juicio termina y la misericordia comienza.

Dios ha elegido constituir todo un Reino de sacerdotes intercesores como Abraham –quien intercedió por Lot y las ciudades de Sodoma y Gomorra–, Moisés –quien se paró entre la ira de Dios y los israelitas, repetidamente–, Job –quien intercedió por sus amigos y él mismo fue sanado y restaurado–, Ester –la aldeana que se convirtió en reina y se arriesgó hasta la muerte para interceder por la salvación de toda su nación– y Daniel –cuya intercesión por su nación se extendió más allá de su propio tiempo, hacia los últimos días antes del regreso final del Mesías–.

Aún más notable es el hecho de que Dios quiere que moldeemos nuestro sacerdocio después del ministerio continuo de nuestro Gran Sumo Sacerdote, Jesucristo, quien ",, *puede también salvar perpetuamente a los que por él se acercan a Dios, viviendo siempre para interceder por ellos"* (Hebreos 7:25).

Expongamos las mentiras del enemigo

Permítame decirle esto para el beneficio de todo aquel que ha comprado por desconocimiento las mentiras desesperadas del enemigo, acerca de la supuesta inutilidad de la oración:

La oración funciona. La oración es poderosa. La oración es una de nuestras armas más mortales y efectiva para destruir las obras del enemigo. La oración es la cuerda salvavidas de Dios para el herido, para el lesionado, para el débil y para el moribundo. Pero Él espera que usted y yo esparzamos su cuerda de vida en el nombre de su Hijo, Jesús. La intercesión no es la preocupación de algunos celosos, es el llamado y el destino de los elegidos, de cada hijo de Dios lavado por la sangre. Si usted proclama a Jesucristo como Salvador y Señor, entonces

Él lo proclama intercesor y sacerdote, y hoy Él lo llama a ponerse de rodillas.

Hace unos pocos años, viajaba en medio de la noche en un tren de la hora sexta desde Heidelberg a Rosenheim, Alemania. Trataba de dormir durante ese viaje, pero me quedé escuchando la voz gentil del Espíritu Santo que me hablaba. Sabía que Él me hablaba como un individuo, pero también decía su carga por el gran pueblo que viene por delante.

Repetidamente escuché a esa querida Paloma pronunciar una súplica penetrante, implacable: "¿Dónde están mis Danieles? ¿Dónde están mis Esteres? ¿Dónde están mis Déboras? Y ¿dónde están mis Josés?"

Jesucristo lo ha hecho a usted y a mí reyes y sacerdotes para Dios. Ahora yo lo declaro bajo la misma unción profética que inspiró a Mardoqueo, cuando dijo a su joven sobrina y pupila, Ester: *"¿Y quién sabe si para esta hora has llegado al reino?* (ESTER 4:14b, ÉNFASIS MÍO). Por tal tarea usted fue aprehendido y por este propósito Él lo dio a luz. Así como aquel semejante a Cristo, usted también es nombrado libertador, pariente redentor, sanador y restaurador de la brecha. ¿Se levantará y será uno de sus revolucionarios radicales? ¿Dirá "¡Sí, Señor!" y será la *respuesta* a la súplica del Gran Intercesor?

Notas

1. Diccionario Colegiado de *Merriam-Webster*, 10ma Edición (Springfield, Massachussets: Merriam-Webster, Incorporado, 1994), p. 609.

Capítulo 4

Restauremos el arte de suplicar su caso

"Es el hábito de la fe, cuando está orando, usar súplicas.
Los meros pronunciadores de oraciones, que no oran del todo,
olvidan disputar con Dios; pero aquellos que prevalecerán
presentan sus razones y sus fuertes argumentos...".

CHARLES H. SPURGEON

¡Impensable! ¿Cómo podría presumir contender con Dios? No es presunción obedecer a Dios, ni es presunción recordarle a Dios sus poderosas obras e incomparable poder. Dios se complace cada vez que venimos delante de su trono mientras susurramos, relatando, declarando y suplicando por el rápido cumplimiento de sus infalibles promesas en el nombre de Jesús. Él es glorificado cuando sus hijos humildemente lo apresuran e imploran que se levante en su poder a favor de aquellos en necesidad, cuando relatan las incontables maneras en las que Él ha liberado en el pasado, redime en el presente y vencerá en los días que vienen.

La presunción presume actuar con autoridad que no se tiene o que no ha sido dada: la obediencia solo actúa sobre la autoridad de otro o sobre la autoridad que ha sido dada por una autoridad mayor. Hemos recibido increíbles privilegios de la "corte real" y autoridad mediante nuestro Señor, Jesucristo. Él personalmente ha hecho a cada uno de nosotros reyes y sacerdotes, con derecho a entrar al trono de Dios. Incluso una mirada casual a las instrucciones de Jesús con respecto a la oración perseverante de la viuda persistente que molestaba al juez injusto para que tomara acción en Lucas 18:1-8, debería ser una advertencia de que hay algo más que esta "oración de súplica" de lo que la mayoría de las personas creen.

*Aunque ni temo a Dios, ni tengo respeto a hombre, sin embargo, porque esta viuda me es molesta, le haré justicia, no sea que viniendo de continuo, me agote la paciencia. Y dijo el Seños: Oíd lo que dijo el juez injusto. ¿Y acaso **Dios no hará justicia a sus escogidos, que claman a él día y noche?** ¿Se tardará en responderles? Os digo que pronto les hará justicia. Pero cuando venga el Hijo del Hombre, ¿hallará fe en la tierra?* (LUCAS 18:4b-8, ÉNFASIS MÍO).

Isaías, el profeta, luchó con una nación impenitente e incluso provocadora de israelitas que rehusaba reconocer el pecado o abandonar a sus ídolos aún frente a la frustración, el cautiverio y la esclavitud literal a otras naciones. Luego Dios hizo un desafío a su creación a través del profeta, que revela el corazón de Dios hacia nosotros, incluso cuando estamos en pecado y tratamos de justificar nuestra rebelión.

*Hazme **recordar, entremos en juicio** juntamente; **habla** tú **para justificarte*** (ISAÍAS 43:26, ÉNFASIS MÍO).

*¡Hazme **recordar!** Presentémonos a juicio plantea el argumento de tu inocencia* (ISAÍAS 43:26, NVI, ÉNFASIS MÍO).

Si tienes algo contra mí, ven a discutir conmigo. Preséntame tus razones, a ver si eres inocente (Isaías 43:26 TLA, énfasis mío).

Este versículo revela los "anchos hombros de Dios", quien es tan poderoso y confiable que puede "ser capaz" de escuchar los argumentos de la humanidad, incluso los de aquellas personas enojadas o desilusionadas que a menudo se paran más allá de los límites de la sabiduría en sus lamentos a Dios. Él se deleita especialmente en las oraciones humildes pero confiadas de sus reyes y sacerdotes, que vienen a su corte en el nombre y compañía de su Hijo, Jesucristo, que se acercan a Él sobre la base de su Palabra.

Definamos los términos

Este claro precedente bíblico establece el hecho de que tenemos el permiso y la invitación de Dios de suplicar nuestro caso y hacer apelaciones en las cortes del cielo delante de nuestro gran Juez y Dios. La definición del diccionario de *suplicar* es "1: argumentar un caso en una corte legal; 2: hacer un alegato en una acción u otro procedimiento legal", y una definición de *alegato* es "un pedido serio".[1]

La palabra hebrea traducida como "súplica" en la declaración de Isaías es *shaphat*. Esta significa "juzgar, pronunciar sentencia, vindicar, castigar, o litigar.[2] La palabra hebrea traducida como "declarar" o "exponer su causa" es *caphar*, que significa "hacer una marca como un lista o registro, inscribir y también enumerar; recontar, numerar".[3]

Estas definiciones tomadas en conjunto pintan un claro cuadro de un escenario judicial descrito en terminología puramente judicial: argumentar el caso como en una corte legal, litigar, pronunciar sentencia, castigar. Esto refuerza mi convicción de que para que tengamos éxito como intercesores, debemos tener una revelación del Dios Todopoderoso como el Juez de toda carne. Somos privilegiados de "practicar delante del tribunal" bajo la autoridad e invitación de nuestro Juez Abogado, Jesucristo.

Asistamos al Abogado

En nuestro nuevo nacimiento, Jesucristo fue nuestro Abogado Defensor. Como intercesores del Cordero, servimos como abogados asistentes del Reino, con la carga de defender al pueblo del Rey y procesar a los enemigos del Rey en el reino espiritual –el adversario y sus rebeldes seguidores–. Cada vez que venimos delante del "tribunal" del Juez de todo, nuestro Abogado Principal viene a nuestro lado y nos toma del brazo para presentarnos formalmente delante del Juez y enumerar las credenciales legales que Él nos ha delegado. Literalmente "practicamos delante del tribunal" como abogados asistentes enviados desde su gran oficina como Primogénito, el Cordero de Dios, Intercesor Principal, y Abogado Principal del redimido.

El escritor de hebreos pinta cuidadosamente un cuadro para contrastar la diferencia entre el acercamiento del hombre al Juez antes y después de la cruz. La diferencia es absolutamente crucial:

> *Porque no os habéis acercado al monte que se podía palpar, y que ardía en fuego, a la oscuridad, a las tinieblas y a la tempestad, al sonido de la trompeta, y a la voz que hablaba, la cual los que la oyeron rogaron que no se les hablase más, porque no podían soportar lo que se ordenaba: Si aun una bestia tocare el monte, será apedreada, o pasada con dardo; y tan terrible era lo que se veía, que Moisés dijo: Estoy espantado y temblando* (Hebreos 12:18-21).

Como intercesores del Cordero, servimos como abogados asistentes del Reino, con la carga de defender al pueblo del Rey y procesar a los enemigos del Rey en el reino espiritual –el adversario y sus rebeldes seguidores–.

Compare el cuadro de temor y pavor del Antiguo Pacto con nuestro lugar de entrada bajo el Nuevo Pacto de la sangre del Cordero.

> *Sino que os habéis acercado al monte de Sion, a la ciudad del Dios vivo, Jerusalén la celestial, a la compañía de muchos millares de ángeles, a la congregación de los primogénitos que están inscritos en los cielos, a Dios el Juez de todos, a los espíritus de los justos hechos perfectos, a Jesús el Mediador del nuevo pacto, y a la sangre rociada que habla mejor que la de Abel* (Hebreos 12:22-24).

El Libro de Hebreos describe la morada de Dios y los seres que moran allí con Él. Nos sentimos animados cuando creemos que al pararnos delante del tribunal de este Juez estaremos en compañía de ángeles adoradores y personas que nos son familiares como Moisés; Aarón; Hur; Isaías; Débora; Pablo; Bernabé; Simón de Cirene; María la madre de Jesús; Pedro el pescador hecho apóstol; Corrie ten Boom; Teresa de Ávila; Paul Billheimer; C. S. Lewis; Nikolaus Ludwig von Zinzendorf y los hermanos Wesley. ¿Siente que estaría en casa en ese lugar?

Lo mejor de todo, a medida que venimos delante del Juez de todos para suplicar nuestro caso de intercesión, venimos al Abogado, al Misericordioso, a Jesucristo el mediador, cuya sangre rociada clama continuamente por misericordia delante del Juez, ¡mientras la sangre de Abel solo podría clamar por venganza!

Cuando usted trae persistentemente sus súplicas delante del Juez de todos en la sala de justicia del cielo, el Señor la considera como fe. El proceso de presentar su caso y argumentos agrada a Dios, y también le ayuda a entender más completamente la necesidad. Lo mueve en compasión, fortalece su determinación y lo arma con una gran profundidad de hambre santo.

En el primer capítulo del libro profético de Isaías, Dios declara: *"Venid luego, y estemos a cuenta..."* (v. 18). Esta es una invitación a una audiencia donde Dios se complace en escuchar nuestros pedidos, peticiones y súplicas. Job abiertamente deseó tal lugar:

¡Quién me diera el saber dónde hallar a Dios! Yo iría hasta su silla. Expondría mi causa delante de él, y llenaría mi boca de argumentos. Yo sabría lo que él me respondiese, y entendería lo que me dijera (JOB 23:3-5).

He recibido un gran trato de inspiración e instrucción del libro de Wesley Duewel llamado, *Mighty Prevailing* Prayer (Poderosa oración prevaleciente). Cita los comentarios de Charles Spurgeon sobre la intercesión en su libro: "Es el hábito de la fe, cuando ora, usar súplicas. Los meros pronunciadores de oraciones, que no oran del todo, olvidan disputar con Dios; pero aquellos que prevalecerán presentan sus razones y sus fuertes argumentos (...) El acto de fe de luchar es suplicar a Dios y decir con osadía santa: 'Que sea hecho esto y esto por estas razones'". Spurgeon predicaba: "El hombre que tiene su boca llena de argumentos en las oraciones pronto tendrá su boca llena de bendiciones en oraciones respondidas".[4] Wesley Duewel traza un bosquejo para pronunciar nuestro caso delante de Dios:

"Esta santa argumentación con Dios no es hecha con un espíritu negativo, quejoso. Es la expresión no de un corazón crítico sino de un corazón ardiente en amor por Dios, por su nombre y por su gloria. Este santo debate con Dios es una apasionada presentación a Dios de las muchas razones por las que esta estará en armonía con su naturaleza, su justo gobierno, y la historia de su santa intervención en favor de su pueblo."

"No suplique como un adversario negativo y legal en la presencia de Dios el santo juez. Sino, suplique en la forma de un resumen bien preparado, preparado por un abogado legal en favor de un necesitado y para el bienestar del reino. En los tiempos que vive, pida al tribunal de Dios un mandato contra Satanás para detener su acoso. El Espíritu Santo lo guía en la preparación y redacción de su argumento en la oración."[5]

¡Hagamos la tarea de Dios!

La intercesión efectiva comienza con conocimiento y entendimiento. Haga su tarea y conocerá las promesas de Dios. Entender por qué las promesas no han sido cumplidas en situaciones específicas —cuando es posible—. Saber por qué la sociedad o un grupo en particular ha fallado. Entender cada condición que Dios requiere antes de que sus varias promesas sean cumplidas. Luego comuníquese con Jesús y obtenga su corazón en la cuestión. Permita al Espíritu Santo ser su guía mientras usted presenta una santa argumentación delante del justo Juez de todos los vivientes. A medida que entra a su presencia, recuerde que muchos han venido aquí antes que usted. Hace miles de años, el profeta Jeremías y Josué se aventuraron hacia este lugar de intercesión:

Aunque nuestras iniquidades testifican contra nosotros, oh Jehová, actúa por amor de tu nombre (...) Por amor de tu nombre no nos deseches, ni deshonres tu glorioso trono; acuérdate, no invalides tu pacto con nosotros (JEREMÍAS 14:7, 21). *Josué suplicó a Dios que ayude a Israel preguntando, ¿qué harás tú a tu gran nombre?* (JOSUÉ 7:9B).

En los pasos de Moisés

Uno de los primeros grandes intercesores en la Biblia fue Abraham, ¡y su más famosa oración intercesora fue por uno de los lugares más pecaminoso del mundo antiguo! Sodoma y Gomorra se han convertido en sinónimo de pecado, libertinaje sexual y sodomismo; sin embargo, ¡el patriarca de Israel, el "padre de la fe," intercedió apasionadamente para que aquellas dos ciudades fueran perdonadas! Creo que fue la clase de compasión que condujo a Dios a decir: *"¿Encubriré yo a Abraham lo que voy a hacer?"* (GÉNESIS 17:18).

Dios abandona cuando el hombre abandona. ¿Qué dices, Jim? Sí, ¡Dios abandona cuando el hombre abandona!

Cuando Dios dijo a Abraham que planeaba destruir Sodoma y Gomorra, el patriarca preguntó a Dios si también destruiría a los justos junto con los malos. Abraham entonces le hizo una contrapropuesta: *"¿Destruirás también y no perdonarás al lugar por amor a los cincuenta justos que estén dentro de él?"* (GÉNESIS 18:24B). Cuando Dios acuerda ceder si cincuenta justos fueran hallados, Abraham persistió para bajar los números, pues sabía que solamente Lot y su familia posiblemente podrían calificar. El patriarca redujo poco a poco el número a veinte, y en el versículo 32 llegó a un lugar fundamental que es importante que veamos. Abraham dijo: *"No se enoje ahora mi Señor, si hablare solamente una vez: quizá se hallarán allí diez"* (GÉNESIS 18:32).

Dios estuvo de acuerdo con el pedido de Abraham, pero este pasaje nos hace preguntar: ¿Qué hubiera pasado si Abraham no se hubiera de-

tenido en diez? Dios definitivamente no mostró signos de estar eno-
jado con Abraham por su intercesión y súplica persistente en favor
de Sodoma y Gomorra. De hecho, creo que a Dios le gustó. Creo que
Abraham pudo incluso haber reducido más el número. Pero no estuve allí y ciertamente no tengo todos los hechos a la mano.

Sin embargo, este incidente ilustra una de las leyes fundamentales que gobierna la relación entre Dios y el hombre: Dios abandona
cuando el hombre abandona. ¿Qué dices, Jim? Sí, ¡Dios abandona
cuando el hombre abandona!

Definiciones bíblicas

Hay cuatro definiciones bíblicas de intercesor que ayudan a pintar un cuadro claro de nuestro llamado general como intercesores sacerdotales, y traerán todo lo demás que estudiaremos con una
perspectiva apropiada.

Un intercesor es aquel que:

1. Recuerda a Dios de las promesas y nombramientos aún no re-
cibidas y realizadas.

*Sobre tus muros, oh Jerusalén, he puesto guardas; todo el
día y toda la noche no callarán jamás. Los que os acordáis
de Jehová, no reposéis, ni le deis tregua, hasta que resta-
blezca a Jerusalén, y la ponga por alabanza en la tierra*
(ISAÍAS 62:6-7, ÉNFASIS MÍO).

2. Lleva el caso de justicia delante de Dios en favor de otro.

*Y la verdad fue detenida, y el que se apartó del mal fue
puesto en prisión; y lo vio Jehová, y desagradó a sus ojos,
porque pereció el derecho. Y vio que no había hombre, y
se maravilló que no hubiera quien se interpusiese* (ISAÍAS
59:15-16A).

3. Prepara la cerca y construye el muro de protección en tiempo
de batalla.

Como zorras en los desiertos fueron tus profetas, oh Israel.
No habéis subido a las brechas, ni habéis edificado un mu-
ro alrededor de la casa de Israel, para que resista firme en
la batalla en el día de Jehová (Ezequiel 13:4-5, énfasis mío).

4. Se para en la brecha entre el juicio justo de Dios el cual es oportuno, y la necesidad de misericordia en favor del pueblo.

Y busqué entre ellos hombre que hiciese vallado y que se pu-
siese en la brecha delante de mí, a favor de la tierra, para
que yo no la destruyese; y no lo hallé. Por tanto, derramé
sobre ellos mi ira; con el ardor de mi ira los consumí; hice
volver el camino de ellos sobre su propia cabeza, dice Jeho-
vá el Señor (Ezequiel 22:30-31).

Respondamos a las promesas de Dios

Los intercesores sacerdotales tratan con dos clases de promesas:
las promesas registradas en la Palabra de Dios que aún están por
cumplirse o son promesas en progreso disponibles para cada creyente por fe, y las promesas proféticas que nos son dadas en nuestros
días, las cuales son ciertas, pero que aún están por cumplirse (ver 1
Timoteo 1:18-19).

Dios nos dice en el libro de Jeremías que Él apresura su Palabra
para ponerla por obra (ver Jeremías 1:12). Eso significa que la manera
más válida y efectiva de presentar nuestro caso delante de Dios, es
repetir y recordarle respetuosamente su Palabra inalterable. Cuando
repetimos una promesa de nuestro fiel Dios, *Él se exige a sí mismo*
para apresurar esa Palabra para ponerla por obra. Pero este ruego solo puede ser hecho con el más puro de los motivos de corazones que
están limpios delante de Dios. Entonces, solo estamos autorizados a
"argumentar" o presentar nuestro caso por estas cosas y peticiones,
las cuales

- Están de acuerdo con la voluntad de Dios.

- Extienden su Reino.

- Glorifican su Nombre.

Wesley Duewel enumera siete bases para recurrir a la oración intercesora en su libro, *Mighty Prevailing Prayer* (Poderosa oración prevaleciente). Estos puntos proveen una poderosa plataforma de conocimiento para la intercesión ungida y efectiva. No es suficiente ser inspirado y tener sinceridad cuando oramos. Necesitamos entender nuestros derechos y privilegios dados por Dios, y necesitamos entender nuestras restricciones y límites. De esa manera podemos pararnos delante del Juez con confianza. Sabremos que no tratamos meramente de "torcer el brazo de Dios" para hacer que haga algo que no quiere hacer. Exactamente lo contrario, ¡somos llamados a pedirle que haga lo que quiera hacer por nosotros! ¡Qué trato!

A. Suplique el honor y la gloria del Nombre de Dios

Dios salvó a Israel en el Mar Rojo por amor de su nombre: "... *para hacer notorio su poder"* (SALMO 106:8).

Samuel oró por amor al nombre de Dios (VER 2 SAMUEL 7:26).

David, sabiendo la responsabilidad del reinado que Dios había puesto sobre él, oró por guía (SALMO 23:3; 31:3), por ayuda (SALMO 109:21: 143.11) y por amor del nombre de Dios.

Asaf oró a Dios por ayuda a Israel *"...por la gloria de tu nombre"* (SALMO 79:9A).

B. Suplique relaciones de Dios con nosotros

Dios es nuestro *Creador* y nosotros somos la obra de sus manos (JOB 10:3, 8-9; 14:15; SALMO 119:73).

Dios es nuestro *Ayudador* (SALMO 33:20; 40:17; 63:7), nuestra ayuda siempre presente (SALMO 46:1).

Dios es nuestro *Redentor* (SALMO 19:14; ISAÍAS 41:14; 54:5). Él tendrá compasión de nosotros porque es nuestro Redentor (ISAÍAS 54:8; 63:16).

Dios es nuestro *Padre* (ISAÍAS 64:8; MALAQUÍAS 3:17; ROMANOS 8:15), y somos privilegiados al clamar como hijos a su padre: *"Abba [Papi], Padre"* (ROMANOS 8:15; GÁLATAS 4:6).

Debido a que Él es nuestro Creador, Ayudador, Redentor y Padre, podemos suplicarle por protección y provisión de todos los que ha creado y redimido.

C. Suplique los atributos de Dios

Implore la *justicia* de Dios como lo hizo Nehemías (Nehemías 9:33). Cristo apresura la causa del justo (Isaías 16:5).

Suplique en base a la *Fidelidad* de Dios como lo hizo Etán en el Salmo 89, donde hace su santa súplica de acuerdo a la fidelidad de Dios, seis veces.

Suplique en base a su *Misericordia y Amor*. Únase a Moisés (Deuteronomio 9:18), David (Salmo 4:1; 27:7; 30:10; 86:6; 15-16), y Daniel y los tres jóvenes hebreos (Daniel 2:18).

Charles Spurgeon dijo: "Encontraremos que cada atributo del Dios Altísimo es un gran ariete con el cual podemos abrir las puertas del cielo".

D. Suplique por las penas y necesidades del pueblo de Dios

David fue uno que cargó sobre sí el sufrimiento de su pueblo. Incluso lloró por el sufrimiento de sus enemigos (Salmo 35:11-13). Nehemías y Daniel en particular, también usaron grandemente esta súplica cuando se identificaron con los sufrimientos del pueblo.

Jeremías, tal vez más que otros, usó esta forma de súplica cuando prevaleció por su pueblo. Él rogó a Dios para que mirara y viera los sufrimientos (Lamentaciones 2:20), y recuerde, mire y vea (Lamentaciones 5:1). En gran detalle enumera a Dios los sufrimientos del pueblo. No trata de justificar a su pueblo, porque él conoce cuán merecedores son de Dios.

Permítame darle un ejemplo contemporáneo. He visitado la nación caribeña de Haití catorce veces. Este es el país más pobre del hemisferio occidental y es una de las naciones más pobres del mundo. El ingreso de un adulto *per capita* antes del reciente embargo de comida, era de US$ 300 ¡al año! Entre los hombres adultos en la ciudad capital de Port Au Prince, el índice de desempleo ¡ha sido del ochenta por ciento! Las enfermedades son desenfrenadas. Si usted se acerca a los suburbios como la ciudad de Solle, las condiciones son horrendas... no tienen servicios sanitarios ni baños donde ducharse. No vi siquiera un retrete cuando caminaba por las calles de Solle.

En 1800 Haití fue llamada "La perla de las Antillas", y Port Au Prince fue nombrada, supuestamente, como el Príncipe de Paz. Pero el pueblo quería tan desesperadamente su independencia de la dominación de Francia, que dedicaron la nación a Satanás, pues creyeron que él les daría poder para ser libres.

Bien, ellos obtuvieron su libertad de Francia, pero recibieron esclavitud a los poderes de la oscuridad al traer su religión *voodoo*. Al mismo tiempo, son algunas de las personas más amorosas que he conocido. Mi corazón anhela volver a ver a los maravillosos creyentes temerosos de Dios que he conocido en esa nación. La iglesia indígena se está levantando, y mi oración por esta nación que fue dedicada a la oscuridad es esta: "Padre, trae arrepentimiento a estas preciosas personas, y quiebra el cautiverio de Satanás que los ata. Restáurales su antigua herencia divina y hazlos una vez mas 'La Perla de las Antillas'; ¡que Dios se levante y sus enemigos sean esparcidos!"

E. Suplique las respuestas del pasado a la oración

1. David recordó a Dios su misericordia pasada: *"Mi ayuda has sido..."* (Salmo 27:9b), *"Oh Dios, me enseñaste (...) Aun en la vejez y las canas, oh Dios, no me desampares* (Salmo 71:17-18a). Un gran numero de Salmos recuerdan en detalle a Dios y al pueblo, sus misericordias pasadas (ver Salmo 78; 85:1-7; 105; 106 y 136).

2. Como David, usted puede presentar argumentos para suplicar por nuevas misericordias en base a la historia de todo lo que Dios ha hecho previamente. Pero la tarea aún no está terminada. Dios ha invertido demasiado para detenerse ahora. Suplique, ruegue que la contínua misericordia y poder de Dios sean renovados para traer la victoria final.

3. ¿Qué ha hecho Dios por usted? ¿Cómo han sido respondidas sus oraciones en el pasado? Solo comience a alabar y agradecer al Señor por las respuestas del pasado, y la fe renovada se levantará dentro de usted por su suplica de hoy.

F. Suplique por la palabra y las promesas de Dios

1. David clamó a Dios reverencial, humilde y amorosamente, incluso con santa insistencia. Presionó por el cumplimiento de la pro-

mesa de Dios: *"...Haz como has dicho (...) Permanezca, pues, y sea engrandecido tu nombre por siempre (...) por eso ha hallado tu siervo motivo para orar delante de ti.* Ahora pues, Jehová, tú eres el Dios que has hablado de tu siervo este bien"* (1 CRÓNICAS 17: 23-26).

2. Salomón oró de la misma manera. Pidió a Dios que mantuviera las promesas que Él había hecho a David, su padre: *"Jehová Dios de Israel, no hay Dios semejante a ti en el cielo ni en la tierra, que guardas el pacto y la misericordia con tus siervos que caminan delante de ti de todo su corazón; que has guardado a tu siervo David mi padre lo que le prometiste; tu lo dijiste con tu boca, y con tu mano lo has cumplido, como se ve en este día. Ahora, pues, Jehová Dios de Israel cumple en tu siervo David mi padre lo que le has prometido, diciendo: No faltará de ti varón delante de mí, que se siente en el trono de Israel, con tal que tus hijos guarden su camino, andando en mi ley, como tú has andado delante de mí. Ahora, pues, oh Jehová Dios de Israel, cúmplase tu palabra que dijiste a tu siervo David"* (2 CRÓNICAS 6:14-17). Esto fue hablar sin rodeos. Dios había hablado. Ahora Salomón insistía para que Dios cumpliera su palabra.

Por once años fui parte del equipo de liderazgo de lo que hoy es llamado Metro Christian Fellowship (Confraternidad Cristiana Metro) en la ciudad de Kansas, Missouri, EE.UU. En ese tiempo tuve el inmenso privilegio de participar en incontable número de reuniones de oración conducidas bajo la inspiración del pastor principal Mike Bickle. Reunión tras reunión, día tras día y mes tras mes, Mike y líneas de "personas sin rostro" tomaban su puesto delante de Dios y le recordaban su Palabra. Orando las oraciones de la Biblia, convirtiendo porciones de las Escrituras en intercesión, reclamando a Dios las promesas de este grandioso libro. Este antiguo arte es la intercesión en una de sus formas más puras.

G. Suplique la sangre de Jesús

1. Tal vez el ruego más grande, más poderoso, y que da más respuestas de todos, es la sangre de Jesús. Ningún argumento podemos traer delante de Dios más prevaleciente que los sufrimientos, la sangre y la muerte de su Hijo. No tenemos merito propio. No

prevalecemos por técnicas o experiencias pasadas. Solo prevalecemos a través de la sangre de Jesús.

> Afírmese en el Nombre de Jesús y en la sangre de Jesús, y úselos para la gloria de Dios y para derrotar a Satanás. Permitamos que se levante una generación de personas que estén consumidas con esta pasión, con esta visión de la sangre de Jesús.

2. Traiga delante del Padre las heridas de Jesús. Recuerde al Padre la agonía de Getsemaní. Recuerde al Padre los fuertes gritos del Hijo de Dios cuando venció por nuestro mundo y por nuestra salvación. Recuerde al Padre la hora más oscura de la Tierra en el Calvario, cuando el Hijo triunfó solo por usted y por mí. Grite al cielo nuevamente la exclamación triunfante de Cristo: "¡Está hecho!" Suplique la cruz. Suplique sus heridas una y otra vez.

3. Ore hasta tener la seguridad de la voluntad de Dios. Ore hasta haber recibido del Espíritu una visión de lo que Dios desea, necesita y espera hacer. Ore hasta ser controlado por la autoridad del nombre de Jesús. Entonces suplique la sangre de Jesús. Afírmese en el Nombre de Jesús y en la sangre de Jesús, y úselos para la gloria de Dios y para derrotar a Satanás. Permitamos que se levante una generación de personas que estén consumidas con esta pasión, con esta visión de la sangre de Jesús.

¡El poder de la sangre!

Por más de veinte de años mi esposa y yo hemos tenido el privilegio de conocer a Mahesh y Bonnie Chavda, de la Iglesia de Todas las Naciones en Charlotte, Carolina del Norte, EE,UU. Mahesh ha viajado por el globo, y mediante el auténtico ministerio de sanidad de Jesucristo, a través de nuestro querido y humilde hermano, ha visto cada sanidad referida en el Nuevo Testamento, incluyendo un muerto ser levantado.

Una vez cuando Mahesh ministraba en Zaire, África, se paró delante de una multitud de más de cien mil personas. El Espíritu Santo le dijo que conduzca un servicio de liberación masiva. Mahesh respondió: " Pero Señor, ¿dónde están mis ayudantes?"

Nuestro persistente gran Dios respondió: "¡Yo soy tu Ayudante! Tienes que saber esto: una gota de la sangre de mi Hijo, Jesús, es más poderosa que todo el reino de la oscuridad". Con esta poderosa revelación, Mahesh procedió, y miles fueron limpios, sanos y libres ese día.

Unámonos al evangelista Reinhard Bonnke cuando emite una proclama por un "¡África lavada con la sangre!" Levantémonos y unámonos a las oraciones de Spurgeon, Moody, Chavda y otros. Declaremos lo que la sangre de Jesús, nuestro Mesías, ha hecho por nosotros.

Vamos, argumentemos juntos

¿Cuál es el resultado final? ¿Cuál será el marcador al final de un día como ese? Nuestro resultado es declarado por el profeta Isaías quien declaro por el Espíritu de Dios: *"Hazme recordar, entremos en juicio juntamente;* **habla tú para justificarte"** (ISAÍAS 43:26, ÉNFASIS MÍO).[6]

Hay un Reino que expandir y extender. Hay creyentes lavados por la sangre que tienen que ser levantados y protegidos en oración. Hay millones de perdidos y moribundos desesperadamente en necesidad del Salvador. Hay fuerzas del mal que tienen que ser atadas y disipadas a través de las armas de guerra divina. Es tiempo de preparar un informe judicial, de idear argumentos de valor y méritos divinos basados en las antiguas promesas de nuestro Eterno Dios.

¿Está preparado para acercarse al banco del Altísimo como un abogado de su pueblo, de sus propósitos y de su gloria? Reúna su caso, verifique su corazón, caiga de rodillas. La corte del Juez Justo siempre está reunida y preparada para oír sus ruegos. ¿Qué caso esta listo para traer?

(Decididamente le recomiendo el excelente libro de Wesley Duewel, *Mighty Prevailing Prayer* (*La poderosa oración prevaleciente*). Leonard Ravenhill lo llamo "La enciclopedia de la oración". Lo creo. Mucho de lo que le he presentado sobre el tema de "Suplicar su caso" fue inspirado o derivado del material de *Mighty Prevailing Prayer* (*La poderosa oración prevaleciente*).

Notas

1. *Diccionario de Estudio de Merram-Webster*, 10ma Edición, 893.

2. James Strong, Concordancia Exhaustiva de la Biblia de Strong (Peabody, Massachussets:Hendricksen Publishers, n.d.), **guiar** (#5608).

3. Strong's, **declarar** (#5608).

4. Weslwy Duewel, *Mighty Prevailing Prayer* (*Poderosa oración prevaleciente*) (Grand Rapids: Francis Asbury Press, 1990).

5. Duewel, obra citada.

6. Duewel, obra citada.

Restauremos la vigilia del Señor

"Restauraré las herramientas antiguas de la vigilia del Señor
que han sido usadas y serán usadas nuevamente para cambiar
la expresión del cristianismo a través de la faz de la Tierra."

JUNIO DE 1991

Esta palabra profética vino a mí en medio de la noche en las llanuras de Kansas. Había llevado treinta personas hacia esa área remota para un retiro de oración en un alojamiento campestre. Estuvimos orando en torno al reloj en equipos de oración por "vigilias" o periodos de oración, construidos según el modelo militar de los centinelas. Nuestros focos no eran la confraternidad, ni siquiera una lista de oración; estábamos allí para buscar el rostro de Dios. Como de costumbre, había elegido el lapso de 02:00 a 03:00, porque el Señor me había despertado en ese horario, virtualmente dos o tres veces a la semana por más de una década.

A medida que esperaba en el Señor, de repente vi la imagen de una antigua herramienta agrícola, la clase de arado que acostumbraba ser tirado por caballos. Cuando le pregunté al Señor de qué se trataba, el Espíritu Santo dijo: "Esas son herramientas antiguas". Cuando le pregunté qué eran, la respuesta fue inmediata: "La *Vigilia del Señor* es la herramienta antigua". Ahora esa frase fue profunda y se insertó dentro de mí.

Mientras continuaba esperando ante el Señor en esa quietud, vi nuevamente la herramienta y el Señor dijo: "Restauraré la herramienta antigua de la Vigilia del Señor. Esta ha sido y será usada nuevamente para cambiar la expresión del cristianismo a través de la faz de la Tierra". Sonaba muy similar a algo que el Señor le dijo a mi amigo, el Pastor Micke Bickle cuando estuvo en El Cairo, Egipto, en 1982. El Señor le habló sobre un movimiento del Espíritu que venía. Él dijo: "Cambiaré el entendimiento y la expresión del cristianismo a través de la faz de la Tierra, en una generación".

Estaba realmente familiarizado con el concepto de "vigilar en oración" en el Antiguo y el Nuevo Testamento. Lamento decirlo, pero esto está profundamente perdido en la vida de la Iglesia en general. Esta palabra clara del Señor dada bajo los centelleantes cielos de Kansas encendió un fuego en mí que me propulsó finalmente a la orilla de la antigua Saxony, el antiguo sitio de la vigilia de oración morava en Herrnhut que describí previamente.

Pocas personas de habla inglesa usan el término "Vigilia del Señor" en nuestros días. Los libros de oración raramente lo tratan. Sin embargo, la importancia de la Vigilia del Señor, o de vigilar en oración, es muy importante para los planes y el orden de Dios. Jesús nos ordenó a "velar" con Él en varios relatos bíblicos, particularmente en el período llamado "los últimos días".

Mucho ha sido enseñado sobre "los últimos días" por maestros en círculos evangélicos y pentecostales carismáticos. Pero excepcionalmente poco ha sido enseñado sobre la respuesta bíblica de las personas de Dios en los últimos días. Hice un estudio comparativo de los verbos que Jesús usó en Mateo 24, Marcos 13 y Lucas 21, donde describió cómo deberíamos responder cuando vemos terremotos, hambre, guerras y rumores de guerra, y así sucesivamente. Aquí hay un resumen de esas respuestas.

Ver Mateo 24 (NVI):
"Tengan cuidado de que nadie los engañe" (v. 4).
"Procuren no alarmarse" (v. 6).
"Manténganse firme hasta el fin" (v. 13).
"Manténganse despiertos" (v. 42).

Ver Marcos 13:

"Mirad que nadie os engañe" (v. 5).

"No os turbéis" (v. 7).

"Mirad por vosotros mismos" (v. 9).

"No os preocupéis" (v. 11).

"Perseverad hasta el fin" (v. 13).

"Mirad" (v. 23).

"Mirad. Velad" (v. 33).

"Velad" (v. 35).

"Velad" (v. 37).

Ver Lucas 21:

"Mirad que no seáis engañados" (v. 8).

"No os alarméis" (v. 9).

"Perseverad hasta el fin" (v. 19).

"Erguíos y levantad vuestras cabezas" (v. 28).

"Mirad por vosotros mismos" (v. 34).

"Velad y orad" (v. 36).

Todas estas afirmaciones pueden ser resumidas en tres frases principales: "No seas temeroso" (mencionada cuatro veces); "Permanece firme" (mencionada cuatro veces) y "Vigila". Jesús usó esta palabra clave, "vigilar", once veces, casi tres veces más que cualquier otra afirmación. Una vez más usted puede oír su voz que dice a la Iglesia: "La llave que te doy es 'vigilar'". En Mateo 18:19-20 Él nos da las llaves del reino, y ellas tienen que ver con la oración:

> *Otra vez os digo, que si dos de vosotros se pusieren de acuerdo en la tierra acerca de cualquiera cosa que pidieren, les será hecho por mi Padre que está en los cielos. Porque donde están dos o tres congregados en mi nombre, allí yo estoy en medio de ellos* (MATEO 18:19-20).

Jesús quiere grupos de dos o tres personas que se reúnan en su nombre y pidan en sinfonía o armonía. (La palabra griega que se traduce como "acuerdo" es *sumphoneo*, o "armonioso".)[1] Este es el corazón de la "vigilia del Señor." Sé que es profundo, pero no necesita un doctorado en teología o lingüística para entenderlo.

La palabra griega para "vigilia" en estos versículos es *gregoreuo*, y significa "estar alerta, despierto, ser observador". Un vigía sobre el muro hace muchas cosas. Observa cuidadosamente lo que sucede y alerta a la comunidad cuando buenos embajadores se aproximan a la ciudad. El guardián abrirá luego las puertas y descenderá el puente para que los embajadores puedan entrar.

Un vigía, además, advierte a la ciudad cuando un enemigo se aproxima. Suena una alarma para despertar a las personas porque sabe que "advertirles" es alertarlos y armarlos. Entonces ellos rápidamente pueden correr a tomar sus posiciones sobre el muro contra el enemigo, antes de que él intente entrar en la ciudad.

Coloque la alfombra de bienvenida

Estamos para vigilar las cosas buenas y a los buenos mensajeros que Dios envía para su gente. Estamos para vigilar a los que tienen dones y la venida de la Presencia del Señor. Estamos para alertar a las personas para que desenrollen la alfombra de bienvenida y digan: "¡Vengan, vengan, vengan, vengan! Ángeles de sanidad, son bienvenidos aquí. Espíritu del Señor, eres bienvenido aquí. Espíritu de convicción de pecado, de justicia y juicio, eres bienvenido aquí. ¡Ven, ven, ven, ven!" Estamos para desenrollar la alfombra roja en el Nombre y la sangre de Jesús, y decir: "¡Ven!"

Pequeñas llaves abren grandes puertas. Los moravos descubrieron una llave de poder en Levíticos 6:13, donde el Señor dice: *"El fuego arderá continuamente en el altar; no se apagará"*. Ellos creyeron que el fuego del Nuevo Pacto sobre el altar era la oración, y actuaron sobre los desafíos de Dios. Los moravos realmente procuraron cambiar el mundo con esa pequeña llave.

Tenemos que vigilar para ver lo que el Señor dice y hace. Y tenemos que ver cuáles podrían ser los planes del enemigo. Pablo nos advirtió no ser ignorantes respecto de las maquinaciones del diablo (VER 2 CORINTIOS 2:11). Dios quiere advertirnos de antemano para que interceptemos, pospongamos, dilatemos o incluso desmantelemos completamente las obras del enemigo, y frustremos sus planes de maldad.

Pero como vigías sobre el muro del Señor, vamos más allá de cualquier definición del diccionario. Dios quiere que miremos en el espejo de su grandiosa Palabra y discernamos aquellas cosas que Él ha dicho que quiere hacer. Entonces debemos recordarle aquellas cosas que quiere hacer y, al mismo tiempo, espera que le pidamos que las haga. ¿Por qué? Porque Él nos ha dado esa pequeña llave llamada la "oración de acuerdo".

Las pequeñas llaves abren grandes puertas. Los moravos descubrieron una llave de poder en Levíticos 6:13, donde el Señor dice: *"El fuego arderá continuamente en el altar; no se apagará"*. Ellos creyeron que el fuego del Nuevo Pacto sobre el altar era la oración, y actuaron sobre los desafíos de Dios. Los moravos realmente procuraron cambiar el mundo con esa pequeña llave. Permítame citar un breve artículo de Leslie K. Tarr, que describe a esa notable gente:

Una reunión de oración que duró cien años[2]

"Hecho: La Comunidad Morava de Herrnhut en Saxony, en 1727, comenzó una 'vigilia de oración' en torno al reloj, que continuó por más de cien años.

"Hecho: ¡En 1792, sesenta y cinco años después del comienzo de esa oración de vigilia, la pequeña comunidad morava había enviado trescientos misioneros a los confines de la Tierra!

"¿Podría ser que hubiera alguna relación entre aquellos dos hechos? ¿Es la intercesión ferviente un componente básico en la evangelización mundial? La respuesta a ambas preguntas es seguramente un incondicional 'sí'.

El avance heroico de evangelización de los moravos del siglo XVIII no ha recibido la atención que merece. ¡Y aún menos proclamado que sus proezas misioneras, es esa reunión de oración de cien años que mantuvo el fuego del evangelismo!

"Durante sus primeros cinco años de existencia, la colonia Herrnhut mostró pocos signos de poder espiritual. En los comienzos de 1727 la comunidad, de alrededor de trescientas personas, fue sacudida por discordia y disputas, una situación difícil para un avivamiento.

"Zinzendorf y otros, sin embargo, acordaron orar y trabajar por el avivamiento. El 12 de mayo el avivamiento vino. Los cristianos fueron encendidos con vidas nuevas y poder, la discordia se desvaneció y los inconversos fueron ganados.

"Al recordar esos días y los cuatro gloriosos meses que siguieron, el conde Zinzendorf luego dijo: 'El mundo entero representó verdaderamente una habitación visible de Dios entre los hombres'. Un espíritu de oración fue inmediatamente evidente en la confraternidad y continuó durante ese 'verano dorado de 1727', como los moravos denominaron a ese período. El 27 de agosto de ese año, veinticuatro hombres y veinticuatro mujeres acordaron pasar una hora cada día en oración. Algunos otros también se alistaron en la 'intercesión por hora'.

"Por más de cien años, los miembros de la Iglesia Morava formaron la 'intercesión por hora'. En casa y en el exterior, sobre la tierra y el mar, esta vigilia de oración ascendió sin parar al Señor", escribió el historiador estatal A. J. Lewis.

"*Los días conmemorativos de la Iglesia Renovada de los Hermanos*, publicada en 1822, noventa y cinco años después de la decisión de iniciar la oración de vigilia, describe el movimiento en una frase: 'El pensamiento golpeó a algunos de los hermanos y hermanas de que podría estar bien apartar ciertas horas con el propósito de orar. De tales épocas todo podría ser recordado por su excelencia y ser inducido por las promesas anexadas a la oración ferviente y perseverante para derramar sus corazones ante el Señor'.

"El viaje también sitúa la tipología del Antiguo Testamento como garantía de la vigilia de oración: '*Nunca fue permitido el fuego sagrado fuera del altar*' (LEVÍTICO 6:13). Por lo tanto, en la congregación hay un templo del Dios de amor, en donde Él tiene su altar y fuego; la intercesión de sus santos debería incesantemente elevarse hacia Él.

"La vigilia de oración fue instituida por una comunidad de creyentes cuya edad promedio era probablemente treinta años. Zinzendorf mismo tenía veintisiete.

"La vigilia de oración de Zinzendorf y de la comunidad morava los sensibilizó para intentar la misión inaudita de alcanzar a otros para Cristo. Seis meses después del comienzo de la vigilia de oración, el conde sugirió a sus compañeros moravos el desafío de un evangelismo osado dirigido al oeste de la India, Groenlandia, Turquía y Lapland. Algunos estuvieron escépticos, pero Zinzendorf persistió. Veintiséis moravos se pusieron en la línea para las misiones mundiales a donde sea que el Señor los guiara.

"Las hazañas que siguieron seguramente deben figurar entre los momentos más grandes de la historia cristiana. Nada desalentó a Zinzendorf ni a sus heraldos seguidores de Jesucristo; ni prisión, ni persecución, ni el ridículo, ni plagas, ni naufragios, ni pobreza ni amenazas de muerte. Su himno reflejaba su convicción:

"Embajador de Cristo, ¿conoces el camino a seguir?, este conduce a quijadas de muerte, derrama espinas y miseria".

"Historiadores de la Iglesia miran el siglo XVIII y se maravillan del Gran Despertar en Inglaterra y Los Estados Unidos, el cual arrastró a cientos de miles hacia el Reino de Dios. Juan Wesley figuró ampliamente en ese poderoso mover y mucha atención está centrada en él. ¿No es posible que hayamos pasado por alto el lugar que la vigilia de oración tuvo al alcanzar a Wesley y, a través de él y de sus asociados, alterar el curso de la historia?

"Uno se pregunta qué fluiría de un compromiso con parte de los cristianos del siglo XXI para instituir una "vigilia de oración" para la evangelización mundial, específicamente, para alcanzar a aquellos en palabras de Zinzendorf, 'Por quien nadie se interesa'."

En el primer capítulo describí brevemente mi encuentro con el Señor junto con otros intercesores en la torre vigía morava de

Herrnhut. Pero la historia completa es un milagroso relato de una pequeña llave tras otra que caían en el lugar, hasta que Dios nos posicionó en el Espíritu para recibir su misión y poder de oración. De hecho, fue una "pequeña llave" que ocupo uno de los más prominentes roles en ese nombramiento con destino.

Después que el Señor me habló sobre la restauración de la "antigua herramienta de la Vigilia del Señor", el estudio de la Vigilia del Señor se convirtió en una de las pasiones de mi vida. En febrero de 1993 llevé al equipo intercesor mencionado en el primer capítulo a la Republica Checa, para algunas reuniones de oración intercesora concernientes a esa nación resucitada, pero nuestra misión real era cruzar la frontera hacia Herrnhut en la antigua Saxony, en el este de Alemania, para recuperar la unción de la vigilia de oración morava.

Llaves de revelación

Mientras nos preparábamos en oración anticipadamente al viaje, el Señor me dio varias llaves en el Espíritu. No sabía lo que significaban en ese momento, pero las escribí, las miré y esperé El Espíritu Santo dijo: "Vas a encontrar un hombre llamado Christian Winter y él tiene una llave". Nunca antes había encontrado a este hombre, ni escuchado de él. El Señor también mencionó el número 37. En los días que siguieron el Señor nos guió a Ezequiel 37, donde se describe el valle de los huesos secos que Dios resucitó en un poderoso ejército. Y a Apocalipsis 3:7, donde la Palabra habla de "la llave de David".

Cuando llegamos a Herrnhut nuestro equipo no hizo las cosas usuales de los turistas. No fuimos a los museos o a iglesias famosas, ni miramos los lugares "postales", ni fuimos de compras. Nos dijeron de ir a cierto lugar y de encontrar a cierto hombre quien nos dirigiría a nuestra vivienda. Además, aprendimos que a los visitantes les es permitido subir a la torre vigía de Herrnhut en ocasiones, pero tenían que tener una llave para entrar.

A medida que esto acontecía, el hombre al que fuimos enviados, quien nos llevó a nuestro lugar de hospedaje, era el administrador extraoficial de la torre morava, que vivía en Herrnhut. ¡Su nombre era Christian Winter! ¿Era una casualidad? ¿Una coincidencia? Hay más.

Christian Winter ansiosamente me entregó la llave de la torre morava cuando le expliqué nuestra misión. Pero Dios tenía más en mente. ¡No lo sabía, pero este caballero llevaba en su corazón una
promesa divina de que la Vigilia del Señor sería restaurada! Me sentí guiado a liberar una expresión a este desconocido, alguien a quien
había conocido hacía unos instantes: "¡El Señor está, restauremos la
antigua Vigilia del Señor, por la que muchos han esperado mucho
tiempo! Usted fielmente ha obtenido la llave. Ahora el Señor abrirá
la puerta y restaurará el antiguo fuego".

Cuando Christian Winter me miró, dijo: "Eres el tercer hombre
que me ha dicho estas mismas palabras".

Nuestro equipo de oración pasó horas de oración en soledad antes de aventurarse a la torre de oración morava. El 18 de febrero nosotros caminamos juntos por las calles angostas de Herrnhut hacia
el cementerio moravo llamado "Acres de Dios". Pensamos que solo
íbamos a pasar por el cementerio para llegar a la torre, y vimos las
tumbas de famosos líderes moravos como la del Conde Zinzendorf y
Anna y David Nitschmann, junto con muchos misioneros que se
vendieron en esclavitud para llevar el evangelio a las naciones y culturas cerradas.

A medida que comenzábamos a caminar por el cementerio, surgió
una sensación sobria de que había algo –alguna unción o poder– en el
que esos difuntos habían caminado. Pero esa unción pareció estar
muerta o apartada. Nuevamente recordé las palabras del Señor sobre
"37", y cómo el Señor nos había guiado tempranamente hacia la afian-
zante profecía de Ezequiel 37 concerniente al valle de los huesos secos que fueron resucitados en un poderoso ejercito de Dios.

El valle de los huesos secos

Sentimos que necesitábamos sentarnos y esperar en el Señor por alguna razón. Sabíamos que el Espíritu Santo quería que oremos, que
tratemos con algo en alguna forma que antes lo hicimos. Por lo tanto,
nos sentamos todos en medio del cementerio y continuamos esperando. Sé que esto suena raro, pero eché un vistazo a la tumba sobre la
cual me senté y sentí un estremecimiento del Espíritu correr por mi

cuerpo: estaba sentado sobre la lápida de Christian David, el hombre que el conde Von Zinzendorf llamó "el Moisés moravo". Él fundó la comunidad en 1722 y guió diez grupos de hermanos refugiados a las tierras que el conde donó a la diminuta comunidad cristiana. Ahora la lápida de Christian David no era una de las lápidas más marcadas. ¿Era nuevamente un accidente? ¿Una coincidencia? Aunque la razón no podría explicar estas cosas, yo no podría negar rotundamente la posibilidad de coincidencia en este punto. Yo no podría ayudar, pero recuerdo que "pequeñas llaves abren grandes puertas".

Como lo cite anteriormente, sentí que como Ezequiel en la antigüedad, estábamos otra vez sentados en un valle de huesos secos y que Dios estaba nuevamente preguntándonos: *"¿Pueden estos huesos vivir nuevamente?"* Ezequiel identificó los huesos secos que vio con las estructuras fragmentadas y rotas del judaísmo en sus días. Estábamos sentados en ese cementerio marcando algo de la oración, de la devoción y del esfuerzo misionero más rico en la historia de la iglesia. Cuando el Señor pareció preguntarnos de nuevo: *"¿Pueden esos huesos vivir?"*, comenzamos serenamente a confesar el pecado de la Iglesia.

Confesamos nuestra falta de oración a través de las generaciones, nuestros pecados individuales y el pecado de la Iglesia de la actualidad. Y comenzamos a confesar que la iglesia ha detenido la batuta del espíritu de oración. Fue un período de confesión. No había "congoja" o llanto; no había lo llamado "manifestaciones salvajes". Solo estábamos confesando serenamente nuestros pecados ante el Señor. Después de que habían pasado unos minutos, sentimos que "teníamos permiso" para seguir hacia la torre.

Comienza la procesión

Mi esposa, Michel Ann, pareció tomar el mando en ese punto junto con Susan Shea –ahora Susan Nichols– una intercesora y bailarina. Ellas comenzaron a guiarnos hacia la colina con canciones proféticas y procesión ante el Señor. No estábamos superponiendo conscientemente ideas o estructuras preconcebidas en el proceso, el Señor parecía guiarnos en una procesión espiritual de ascenso similar a la que ve en los salmos. Nosotros hemos venido por el Espíritu con un llamado a restaurar algo antiguo en algo nuevo, y Dios hacía la obra.

Cuando alcanzamos la torre, saqué la llave que Christian Winter me había dado y luego esto me golpeó: ¡Yo estaba sosteniendo la "llave de David" que el Espíritu había descrito! La llave para el poder y la efectividad de la comunidad morava era su devoción de corazón a Jesucristo y a la Vigilia del Señor. Nadie en la historia de la Iglesia ha manejado esta "herramienta antigua" tan efectiva o fielmente como Christian David, el conde Von Zinzendorf y los creyentes moravos.

La "llave de David" en mi mano parecía ser como una llave maestra muy antigua, pero funcionó. Abrí la puerta hacia la escalera espiral que conduce a la torre y comenzamos a subir. Tan pronto como llegamos a la cima, empezamos a comprometernos con el Espíritu a través de la oración. Ya he descrito las dos olas de intercesión que pasaron sobre nosotros, seguidas por dos fuertes ráfagas de viento. Incluso, es apropiado agregar algunos detalles aquí que deliberadamente excluí de mi relato inicial en el primer capítulo.

> La llave para el poder y la efectividad de la comunidad morava era su devoción de corazón a Jesucristo y a la Vigilia del Señor. Nadie en la historia de la Iglesia ha manejado esta "herramienta antigua" tan efectiva o fielmente como Christian David, el conde Von Zinzendorf y los creyentes moravos.

¡Es difícil exagerar la ferocidad y profundidad de la carga del Señor que vino sobre nosotros! Mi esposa y mi hermana, Bárbara, estaban allí conmigo, junto con Sue Kellough, una intercesora profética de Indianápolis quien es, además, una respetada amiga, consejera y colaboradora de nuestro ministerio. Parado cerca, James Nichols, un ferviente creyente afro americano, cuyos antepasados vinieron de St. Thomas, en las Islas Vírgenes, donde recibieron el evangelio de los misioneros moravos enviados a servir a la población esclava de esa antigua colonia danesa, cientos de años antes. Estábamos todos reunidos cuando la primera ola de intercesión y gran congoja se derramó sobre nosotros. Michal Ann recuerda bien la escena: "Estaba totalmente rendida al Espíritu Santo en ese intenso lugar de oración. Comencé a llorar incontrolablemente, y al principio pareció casi inapropiado. El grupo entero comenzó a titubear bajo el peso de la carga, pero Dios pareció usarme como un encendedor inconsciente para encender un fuego que se extendió a todo el grupo".

"La intercesión que estalló fue tan intensa que la gente comenzó a desplomarse y se doblaba hasta caer al piso de madera de la torre. Jim a menudo enseña sobre ser 'poseído por la oración', y creo que el Espíritu Santo de Dios literalmente comenzó a orar a través de nosotros a medida que nos rendíamos a Él. Estábamos todos consumidos por ese Espíritu de intercesión."

"La mejor forma que conozco para decirlo es que sentí el lamento y la aflicción del Espíritu Santo. Podía sentir su aflicción y su deseo porque algo santo y poderoso sea realizado. Quiero decir que fue muy emocionante, pero sentí como si hubiese estado llorando desde lo más profundo de mi alma en nombre del Espíritu Santo. Sentí como si estuviéramos expresando su dolor a través de inexplicables quejidos del Espíritu. No puedo definirlo. Todo lo que sé es que estaba experimentando 'sentimientos' de su corazón en el mío."

"Estaba tan cautiva en ese intenso lugar de oración que no pensaba en nada más. Ni siquiera recuerdo alguna Escritura en particular que viniera a mi mente. Estaba totalmente enfocada en esa carga que pesaba tanto sobre mí. Era muy profunda, muy concentrada y muy enfocada. Era un lugar de vulnerabilidad, y me permití a mí misma estar tan rendida y sumergida por el Espíritu de Dios, que ansiosamente me rendí a su oración a través de mí. Fue como entrar al proceso de nacimiento. Cuando el momento del nacimiento llega, usted está expuesto, y absolutamente vulnerable y desnudo. Usted solo puede enfocarse en una sola cosa: dar a luz al bebe en el momento indicado."

"Recuerdo que algunas personas respondían al peso del espíritu de congoja que venia sobre ellos, cayeron al piso y se doblegaron. Nosotros fuimos presionados y al principio se sintió una especie de frío en la torre. Sin embargo, todo eso fue olvidado cuando entramos en ese abandonado lugar de oración. Orábamos 'como un solo hombre'. Fue como un gran fuego encendido. Alcanzó a todos. Estábamos muy enfocados en ese lugar."

De repente, la carga de la oración se elevó y el viento vino. Algunas de las personas de Atlanta estaban grabando en ese momento, y usted puede realmente oír en la cinta el viento bramar por todo el lugar. El viento y la angustia finalmente cesaron, pero fue solo una "tregua". La carga del Señor vino sobre nosotros nuevamente. A una sola voz comenzamos a acongojarnos por el Espíritu como si fuéramos instrumentos en las manos de nuestro Dios invisible. El violento viento una vez más recorrió la torre vigía de oración morava. Sentí como que el viento vino para expandir esa antigua unción de oración por todo el mundo, conforme al espíritu de gracia que habíamos pedido.

Un inmenso gozo vino sobre nosotros y comenzamos a marchar alrededor de la torre. Nos regocijábamos en el Señor. Luego sentimos al Espíritu liberar una fe aguda en nosotros para librar o enviar el espíritu de gracia para la Vigilia del Señor a diferentes países y ciudades alrededor del mundo. El Señor liberaba gracia para la casa de oración para todas las naciones, y para que la Vigilia del Señor sea liberada primero en ciento veinte ciudades a través de la Tierra, y luego a tres mil, según el modelo del Libro de los Hechos. Dios cumplía, sobrenatural y simbólicamente, la profecía que yo había recibido en la planicie de Kansas dos años antes. Aquella antigua herramienta de la Vigilia del Señor era nuevamente liberada sobre la Tierra a través de los vientos de Dios.

Líderes de hoy

Hay muchos otros que también llevan esta antorcha para la incesante oración y la Vigilia del Señor. Entre ellos están:

Nuestros amigos y mentores, Mahesh y Bonnie Chavda, quienes han promovido desde 1995 la "Vigilia del Señor" de toda la noche, para edificar un "muro de oración", cuando el Señor les mostró que la intercesión congregacional era el vínculo perdido entre la renovación y la cosecha venidera.

Lou Engle, pastor asociado en la Iglesia Harvest Rock, en Pasadena, California, EE.UU., quien ha llevado una carga por "una casa de oración de veinticuatro horas". Ha orado por un avivamiento por más de dos décadas.

El Dr. Bill Bright, de la Cruzada Estudiantil para Cristo, quien en 1994 llamó a dos millones de estadounidenses a ayunar y a orar por un avivamiento durante cuarenta días en el año dos mil. Este fue el fruto de cuarenta días de ayuno guiado por el Señor. El libro del Dr. Bright, *The Coming Revival* (*La venida del avivamiento*), predice que un mayor avivamiento mundial cubriría la Tierra al término del siglo.

Wesley Campbell, pastor principal de la Fraternidad New Life Vineyard en British, Columbia, quien ha llamado a cien mil intercesores a ayunar y a orar en ciclos de cuarenta días, en 1998. Este renacimiento moderno advierte que "nuestras respuestas –al llamado de intercesión– hoy son críticas en magnitud al derramamiento".[3]

Mike Bickle, amigo, colaborador y pastor principal de la Fraternidad Cristiana Metro en Grandview, Missouri, EE.UU., quien ha orado, con sus grupos de oración, tres veces al día por más de una década, por un despertar y un avivamiento mundial.

Wesley Tullis, un apasionado intercesor mundial, quien dirige el Centro de Oración y Evangelización Mundial Jericó en Colorado Springs, Colorado, EE.UU.

Tom Hess, quien es el fundador de la Casa de Oración para Todas las Naciones en el Monte de los Olivos en Jerusalén, Israel.

Dick Simmons, quien es el fundador de Hombres para las Naciones, en la capital de nuestra nación. Él ha sido usado para descargar una impartición del espíritu de oración en mi vida.

En la Fiesta de Pentecostés, cuando el Espíritu Santo fue derramado por primera vez, hubo viento, fuego y vino. Hubo convicción y evangelización, hubo señales y maravillas, y fueron dados dones. Lo mejor de todo fue que hubo una simple presentación de este glorioso hombre llamado Cristo Jesús. Hoy en este "segundo Pentecostés" de la Iglesia, nosotros vemos vino –en las dulces bendiciones y el consuelo de la renovación–, fuego –en la ardiente predicación, el ganar almas, el arrepentimiento y el llamado a salvación del avivamiento de Pensacola y de algún otro lugar–, y hoy el viento del Señor indica una gran cosecha. Nunca ha habido una mayor necesidad de intercesión como ahora.

Notas

1. vigia en Strong (Griego #1127)

2. Tarr, "Una Reunión de Oración"

3. Wesley Campbell, "¡100.000 intercesores!" Spread the Fire (Extiende el Fuego) (Toronto Airport Christian Followship (Confraternidad Cristiana del Aeropuerto de Toronto), Diciembre 1996) Vol. 2, Tema 6, 15.

Capítulo 6

Restauremos el camino desde la oración hacia la presencia del Señor

"El mayor obstáculo del cristianismo hoy, son los cristianos que no saben cómo practicar la presencia de Dios."

REV. BILLY GRAHAM

Hay una característica fundamental que diferencia al pueblo de Dios. No se trata de la ropa que usamos, el estilo de nuestro cabello ni las reglas por las que nos manejamos. Sino que hay una "marca de nacimiento" de clases que deberían separar a cada comunidad de verdaderos creyentes, y esta debería manifestarse en el amor de unos a otros. Moisés revela esta marca de nacimiento en un diálogo con Dios registrado en Éxodo 33:14-16:

> Y el dijo: Mi presencia irá contigo, y te daré descanso. Y Moisés respondió: **Si tu presencia no ha de ir conmigo**, no nos saques de aquí. ¿Y en qué se conocerá aquí que he hallado gracia en tus ojos, yo y tu pueblo, **sino en que tú andes con nosotros**, y que yo y tu pueblo seamos **apartados** de todos los pueblos que están sobre la faz de la tierra?
>
> (ÉXODO 33:14-16, ÉNFASIS MÍO)

Esta es una clave de gran poder en el Reino de Dios: ¡La Presencia de Dios es la característica distintiva que prueba que tenemos el favor de Dios! Sin esto somos como los demás hombres. La gloria de Dios es "La Presencia manifiesta de Dios", la evidencia visible de que la persona de Dios, Él mismo se ha presentado entre nosotros, y ¡esto es lo mas grandioso en la vida! Creo que Moisés gritaba al Señor de multitudes: "Oh, Soberano, no nos saques de aquí a menos que tú vayas delante de nosotros. Pon *el resplandor de tu gran Presencia* sobre nosotros".

> "Voy a enseñarte a liberar la mayor arma de guerra espiritual: el resplandor de mi gran Presencia."

No es un accidente que uno de los nombres y títulos dados a Jesucristo sea Emmanuel –"Dios con nosotros"–. Este capítulo fue inspirado por una palabra que el Señor sembró en mí mientras concurría a un servicio de renovación con Michal Ann, en octubre de 1994, en lo que era entonces Toronto Airport Wineyard Fellowship (Confraternidad Vineyard del Aeropuerto de Toronto).

Después de haber orado, permanecimos callados y quietos esperando que el Señor hablara a nuestros corazones. El Espíritu Santo comenzó a hablarme, y dijo: "Voy a enseñarte a liberar la mayor arma de guerra espiritual".

¡Eso hizo que mis antenas espirituales emerjieran! No dije nada, pero déjeme decirle que estaba listo para recibir lo que sea que Dios tenía para mí. Primero, el Señor simplemente me dijo: "Voy a enseñarte a liberar el mayor arma de guerra espiritual". Pero finalmente añadió: "Te enseñare a liberar el resplandor de mi gran Presencia".

No hace mucho estaba ministrando en la Costa Este, cuando el Espíritu de Dios vertió una oración en mi corazón. Dijo: "Voy a revelar mi poder crudo". Pienso que la Iglesia se ha acostumbrado demasiado al "azúcar refinado". Dios quiere darnos algo que es un poco más crudo y menos predecible. C. S. Lewis, en su encantadora serie de libros para niños llamada *The Chronicles of Narnia* (*Las crónicas de Narnia*), advierte repetidamente a los personajes centrales que "Aslan el León –la figura de Cristo– no es un *león dócil.*

La Iglesia necesita redescubrir la verdad de que el León de Judá *no es un león dócil*. Dios no es *dócil*. No puede ser controlado, limitado, manipulado o "predecible" por meros hombres que creen que entienden todo acerca de Dios. Él es el Dios Todopoderoso, el eterno YO SOY, el Alfa y la Omega, el Antiguo de Días. Él quiere darnos algo que es concentrado, condensado y volátil. Le gusta sacudirnos con una "sacudida santa" de vez en cuando, solo para movernos, despertarnos y conmovernos –pero siempre lo hace para nuestro propio bien–.

Mientras escribo estas palabras no estoy donde una vez estuve, ni estoy donde voy a estar en los días que vendrán. Estoy en otra etapa de enseñanza. Esta es la razón por la que quiero poner un paréntesis alrededor de la declaración: "Te enseñaré –porque usted todavía no esta allí– a liberar el resplandor de mi gran Presencia".

Ser un arqueólogo espiritual

Algunas veces siento que Dios me ha dado un pico y una pala, un martillo y una brocha... y luego me nombró arqueólogo del Espíritu Santo, para buscar en las ruinas del pasado sus tesoros perdidos, pero no me quejo. Hay un tesoro, una joya de la Iglesia, que es brillante y resplandeciente. Es la joya de la gloria de Dios, la manifestación de su gloriosa Persona en nuestro medio. Es su incomparable Presencia en todo su resplandor. ¡Necesitamos redescubrir, recuperar y exhibir la joya familiar! Creo que Dios también dice esto a su Iglesia en todo el mundo: "Te enseñaré a liberar el resplandor de mi gran Presencia".

A menudo uso una cruz que me fue dada como obsequio, y que es muy especial para mí. Es una cruz morava que lleva el símbolo de un cordero con una bandera de victoria. El lema de los moravos en 1700 era: "Ganar para el Cordero las recompensas por su sufrimiento". Como advertí pronto, ellos emprendieron el "atalaya del Señor, una vigilia continua de oración que duró más de un siglo después de que el Señor iluminara el entendimiento del conde Von Zinzendorf de Levítico 6:13, versículo que dice: *"El fuego arderá continuamente en el altar; no se apagará"*.

Los moravos, bajo el liderazgo del conde Von Zinzendorf, reconocieron el poder en la clave del Señor revelada en Levítico 6. Ellos decidieron aceptar la tarea de mantener un fuego continuo de oración, intercesión y adoración ardiendo delante de la Presencia del Señor. Dudo que se dieran cuenta de que mantendrían el fuego ardiendo caliente y puro por más de cien años, pero comenzaron haciendo compromisos personales para la tarea.

Primero, un total de cuarenta y ocho mujeres y cuarenta y ocho hombres se anotaron para orar. Dos hombres oraban juntos y dos mujeres oraban juntas durante una hora de reloj hasta que el próximo equipo los relevaba. Este patrón continuó alrededor del reloj, día tras día y semana tras semana ¡por más de cien años! El calor ferviente generado por el fuego sacrificial de su continua oración encendió fuegos de avivamiento que dieron principio a sus pioneros esfuerzos misioneros, y ayudaron a que nazca el primer gran despertar a través de su divina influencia sobre hombres tales como John y Charles Wesley.

Todo esto se vincula con la simple revelación que Dios me dio en la República Checa. Lo que recién he mencionado se repitió nuevamente. Dios me preguntó: "¿Has considerado alguna vez la dimensión multidireccional de la oración?" Luego dijo: "Recuerda: lo que sube debe bajar".

Nuestras oraciones ascienden a Dios como *incienso* de agradable aroma, y Él responde enviándolo a la Tierra en la forma de oraciones contestadas acompañadas con su fuego. El Antiguo Testamento describe en detalle el incienso especial ofrecido a Dios en el Tabernáculo de Moisés cada día:

> *Y lo pondrás delante del velo que está junto al arca del testimonio, delante del propiciatorio que está sobre el testimonio, donde me encontraré contigo. Y Aarón quemará **incienso aromático** sobre él; cada mañana cuando aliste las lámparas lo quemará. Y cuando Aarón encienda las lámparas al anochecer, quemará el **incienso; rito perpetuo** delante de Jehová por vuestras generaciones* (Éxodo 30: 6-8, ÉNFASIS MÍO).

Dijo además Jehová a Moisés: Toma especias aromáticas, estacte y uña aromática y gálbano aromático e incienso puro; de todo en igual peso, y harás de ello el incienso, un perfume según el arte del perfumador, bien mezclado, puro y santo. Y molerás parte de él en polvo fino, y lo pondrás delante del testimonio en el tabernáculo de reunión, donde yo me mostraré a ti. Os será cosa santísima (ÉXODO 30:34-36).

En el Nuevo Testamento somos ordenados a "orar sin cesar" (1 TESALONICENSES 5:17). Esto es un paralelo perfecto con la orden de Dios a Moisés y Aarón concerniente a la fragancia aromática del "incienso perpetuo", que continuamente era elevada en el Lugar Santísimo desde el altar del incienso. Cuando primero empecé a estudiar estos versículos del libro de Éxodo, mi mente se articuló y pensé: Ahora es lógico que si puedo entender lo que cada uno de estos ingredientes es, entonces tal vez esto me dará alguna idea de lo que Dios recibe como sacrificio aceptable de oración.

¿Cuáles son los ingredientes de la oración?

Es extremadamente interesante que Dios diga que estos cuatro ingredientes deben ser mezclados en proporciones iguales. Esto hace referencia a un equilibrio. Un montón de personas –incluyéndome a mí– han enseñado pasos procesales técnicos de oración marcados con títulos como: "Los siete pasos para que la oración sea respondida".

Estos sermones son buenos y mayormente válidos en contenido, pero no hay realmente siete pasos para que la oración sea respondida. La realidad que he descubierto es que la oración no es una técnica. No es del todo una cosa. Tampoco es una metodología. La oración es comunión con una Persona. La oración es simplemente *estar con Dios*.

La oración es comunión con una Persona.

La oración es simplemente *estar con Dios*.

A pesar de todos los rituales elaborados y pasos de purificación establecidos en la Ley de Moisés, David, el pastor y rey, pasó por alto todos ellos para sentarse en la sombra del arca del Pacto sobre el Monte de Sion y comunicarse corazón a corazón con Dios (1 CRÓNICAS 17:16). Él no tenía lazos de sangre o credenciales de un sacerdote aarónico, ni pertenecía a la tribu de Leví. Aunque solo el sumo sacerdote era permitido en el Lugar Santísimo, y solo un día al año, David literalmente se sentó delante del Señor, tal vez en muchas ocasiones.

¿Por qué? Porque la oración es comunión, y David tenía un corazón tras el propio corazón de Dios. Esto es aún más asombroso cuando usted se da cuenta que todo esto ocurrió *antes* de que Jesús muriera en la cruz, antes que fuera removido el velo entre Dios y el hombre. La intensidad del amor de David vence la barrera entre él y su Dios.

Tenemos que hacer a un lado las correctas metodologías técnicas para llegar al corazón del mismo Dios. Debemos llegar a Él. Debemos tenerlo. Sé que el Antiguo Testamento habla acerca de entrar en los atrios de Dios con alabanza y a sus puertas con acción de gracias, pero la cuestión no es la técnica. La cuestión es una Persona. Vamos a nuestro Padre. Vamos a su glorioso Hijo quien nos ama, nos conoce, quien dio su vida por nosotros. Vamos delante de aquel de quien el evangelio de Juan dice que *"está en el seno del Padre"* (1:18).

Más que una metodología

Siento un pequeña duda de hablarle acerca de las cuatro cualidades del incienso de la oración, pero si podemos evitar que se convierta en una metodología, nos ayudará en nuestro viaje desde la oración hacia la resplandeciente presencia del Señor.

1. **Estacte** era una especia dulce. Era encontrada en o cerca de la frontera norte de Israel y en Siria. Requería un viaje a pie de todo un día para llegar a los árboles que destilaban la resina que era cocida, hasta que la especia, llamada *estacte*, emergía. Ambos nombres, griego y hebreo para esta especia significan "destilar o verter". En épocas fue usada como una metáfora para la aparición de la Palabra de Dios o para el acto de profetizar. En ambos casos, crea el cuadro de algo que ha sido acumulado dentro de usted, que destila o rebosa de una abundancia interna.

Cuando acumulamos el *logos*, o la Palabra escrita de Dios dentro de nuestros corazones, cuando el viento de Dios sopla sobre él, puede convertirse en una palabra *rhema* hablada y reveladora en nuestras vidas. La primera cualidad del incienso aceptable de la oración es una rica provisión de Palabra de Dios en nuestras vidas, la cual debe ser vertida sobre otras personas. La oración mora en la Palabra viva que es, obviamente, Cristo. Le costará algo almacenar la Palabra de Dios en su vida. Le costará tiempo y un cambio de prioridades. Esto generalmente desembarcará en circunstancias difíciles, pero vale la pena. Una vez que llena su corazón con esta dulce especia de la Palabra de Dios, esta será destilada por cada poro de su vida y ser, e impregnará sus oraciones con una dulzura que agrada a Dios y bendice a todo lo que toca.

2. Uña aromática hace referencia al polvo finamente aromático extraído del caparazón de un molusco hallado en el mar Mediterráneo. Aunque la distancia para obtener una uña aromática era menor que para un *estacte*, este polvo podría ser obtenido solo si se hacía un viaje largo por el mar para reunir un tipo particular de molusco. Los caparazones de los moluscos eran molidos para lograr un fino polvo, y luego quemados con fuego para producir la dulce fragancia tan vital para el incienso santo.

Nuestras vidas liberan continuamente un aroma de ofrenda fragante al Señor. Pero ¿cómo la uña aromática del incienso del Antiguo Testamento se mezcla en este cuadro? ¿Ha sentido alguna vez que ha sido "molido en un pulpa" o quebrado en pequeñas piezas por una prueba o circunstancia? ¿Ha sido "quemado" por las acciones hechas sin pensar o deliberadas de otras personas?

La oración que usted ofrece después de soportar esos eventos, lleva la fragancia de uña aromática. Los guerreros de oración que dejan marcas huelen a uña aromática. La oración es un estilo de vida del quebrantado delante de Dios; la oración es comunión bañada en la dulce fragancia de una especia molida llamada humildad y quebrantamiento. David escribió desde las profundidades del quebrantamiento: *"Los sacrificios de Dios son el espíritu quebrantado; al corazón contrito y humillado no despreciarás tú, oh Dios"* (Salmo 51:17).

3. Gálbano es "una resina gomosa y amarga amarillenta tirando a verde o marrón, derivada de varias plantas asiáticas".[1] La palabra original hebrea, *chelbenah*, significando "riqueza o grandeza", e implica que ese gálbano proviene de la parte más rica o elegida.[2] Gálbano es la sustancia aceitosa que es usada para tener todos los elementos juntos.

La convicción predominante de que "Dios es bueno" sostendrá su vida y ayudará a traer unidad entre los hermanos que tienen cualidades diferentes y creencias variadas. Demasiado a menudo hemos permitido dividirnos en "campamentos" basados en áreas particulares de verdad o énfasis. Por ejemplo, las personas del "campamento de la Palabra" comen la Palabra de Dios. Conocen la Palabra, aman la Palabra, predican la Palabra, proclaman la Palabra y oran la Palabra, algunas veces a expensa de misericordia, quebrantamiento, humildad, y el carácter de Dios.

El "campamento del quebrantamiento" incluye muchas "personas de tipo avivamiento", que en momentos parecen estar en una indecible competición para ver quién puede humillarse para que Dios pueda ser exaltado. Todo está bien y es bueno, pero solo es una pieza de un gran todo. También necesitamos una proporción igual de la extravagante, riqueza y grandeza de nuestro Dios para unirnos a todos en armonía. Para recibir algo de parte de Dios, usted *"...debe creer que le hay, y que es galardonador de los que le buscan"* (HEBREOS 11:6B). Debemos creer que Aquel que dio libremente a su Hijo también nos dará libremente todas las cosas. Debemos creer en la riqueza y la grandeza de Dios.

4. Incienso puro es una resina obtenida de la corteza de los árboles del género boswellia. Cuando la resina ámbar se seca, el polvo blanco forma las gotas o lágrimas del incienso, y adopta su nombre semítico.

En los tiempos bíblicos la mayoría del incienso provenía de o por vía Sheba, en el sur de Arabia".[3] La palabra hebrea para incienso es *lavona*, que significa literalmente "ser blanco".[4] Tal vez esto anunció la justicia que recibimos cuando Cristo, el renuevo o rama de David, colgó de un "árbol" y vertió su sangre. Cuando la sangre del cordero se secó en el árbol y en la tierra, fuimos hechos "la justicia de Dios en Cristo", por la gracia y el amor de Dios. Es la sangre, derramada y aplicada a nosotros, que nos limpia de todo pecado. Es a través de la sangre que somos vestidos de blanco y adaptados para al Reino.

Hecho con frescura

Es importante recordar que los ingredientes para el incienso santo eran comprados frescos cada día y mezclados en proporciones iguales. El incienso no podía ser "almacenado". Solo podía ser hecho incienso fresco. Usted y yo no podemos vivir de las oraciones del pasado. No podemos prosperar en base a la relación, intimidad o la comunión que disfrutamos con el Señor *ayer*.

Día tras día debemos hacer nuestro camino hacia su presencia para ser renovados, transformados, facultados y llenos con su gloria. Hemos sido comisionados a encender el fuego de la oración y ofrecer incienso de dulce aroma, creado a partir de partes iguales de *estacte*, el fluido, la abundancia burbujeante de la Palabra de Dios; uña *aromática*, la dulce especia molida de humildad y quebrantamiento interno; *galbano*, la fe inflexible de que Dios es bueno; y la pureza del *incienso*, la justicia de Cristo aplicada y secada sobre nuestros corazones en blancura y santidad para el Señor.

> **Solo podía ser hecho incienso fresco. Usted y yo no podemos vivir de las oraciones del pasado. No podemos prosperar en base a la relación, intimidad o la comunión que disfrutamos con el Señor ayer.**

Los sacerdotes de la antigüedad cuidaban el fuego de Dios y llevaban el dulce incienso y el fuego hacia el Lugar Santísimo. Los sacerdotes usaban prendas de lino blanco adornadas con campanas y granadas alternadas en el dobladillo. Esto habla de la doble bendición de Dios. El Señor me reveló, mientras oraba por mi esposa, que Él deseaba ungirnos con una doble bendición, así como recibió Eliseo cuando Elías ascendió al cielo.

Dios dio a la Iglesia nueve dones –representados por las campanas, que señalaban que los sacerdotes de Dios estaban vivos y bien– y nueve frutos del Espíritu –representados por las granadas–. Cuando entramos a su Presencia, vamos por la "doble bendición" de la plenitud del carácter de Dios y la plenitud de su poder.

Era en la Presencia de Dios –más allá del velo de separación– que los sacerdotes de Aarón se acercaban al arca del pacto que contenía símbolos de la autoridad de Dios –representados por la vara de Aarón que floreció–; la provisión de Dios en el pan de vida –marcado por la porción de maná que Dios envió del cielo– y la regla y orden de Dios –representado por las tablas de piedra que contenían los Diez Mandamientos–. Todo esto solo podía ser aproximado a través de la misericordia, simbolizada por el propiciatorio situado entre los querubines de Dios.

Esta es una hermosa ilustración de la autentica Iglesia de redimidos, una Iglesia llena con el humo de dulce aroma de la oración, alabanza, adoración e intercesión. Es aquí en la Presencia donde Dios dice: "Me comunicaré contigo allí". Es aquí donde vemos una abundancia de santos dones, frutos, incienso, santidad, misericordia, autoridad y la regla soberana de Dios en los límites del amor pactado. El secreto de la madurez y pureza en la Iglesia es hallada en el camino desde la oración hacia su presencia. ¡*Debemos* obtener la característica distintiva del pueblo genuino de Dios!

No había *luz natural* en el Lugar Santísimo, porque no era necesaria ni bienvenida. Así como las Escrituras nos dicen que Dios mismo será la luz para su pueblo, en su Presencia no necesitamos luz natural –conocimiento natural, terrenal o sabiduría humana–. La única luz que bañaba el Lugar Santísimo era la luz de su presencia resplandeciente y brillante. En nuestros días llamamos a esta luz la gloria *shekinah*, la gloria manifiesta o Presencia de Dios.

Un dilema resuelto

La oración, particularmente la oración intercesora, ha jugado un rol clave en mi vida y ministerio por años. Me gustan las peleas. Amo ver destruidas las obras del diablo. De modo que he considerado las variadas doctrinas concernientes a la guerra espiritual, y he examinado mis experiencias personales a la luz de la Palabra de Dios. Me he encontrado con diferentes líderes intercesores del mundo para aumentar mi entendimiento de los temas controversiales referentes a principados, poderes y otras cosas de esta naturaleza. Dios solucionó todo para mí cuando me dijo: "Voy a enseñarte el arma más grande de guerra espiritual: es liberando el resplandor de mi gran Presencia". ¿Quiere ganar? ¡Sumérjase en su Presencia!

Cuando está alrededor de alguien que fuma, el olor del humo impregna su ropa –y sus pulmones– ¡tan efectivamente que otra persona pensará que usted fuma también! ¿Por qué? Porque el olor del humo está sobre usted. Cuando usted empieza a pasar tiempo con Dios, sucede *lo mismo*. En el reino de los hombres las personas tal vez no serán capaces de descubrirlo, pero serán atraídos por la fragancia de misericordia, gracia y vida que impregnará su ser.

En el reino espiritual los demonios del infierno comenzarán a pensar que usted luce un poco más como Dios, que huele como Él. Usted brilla con una luz mortal que ellos temen. Su presencia les recordará la Presencia de Dios. El humo que rodea el propiciatorio de Dios será absorbido por su espíritu. La atmósfera del cielo entrará en usted.

Cuestiones del corazón

¿Cómo va desde la oración hacia su Presencia? Es una cuestión de corazón. No voy a darle cinco pasos. No puedo, porque no los conozco –aunque haya pensado que sí–. Todo lo que puedo decir es: humille su vida y aprenda misericordia, y Dios lo encontrará y se comunicará con usted allí.

Hebreos 4:16 nos dice: "*Acerquémonos, pues, confiadamente al trono de la gracia, para alcanzar misericordia y hallar gracia para el oportuno socorro*". Jesús dijo: "*Id, pues, y aprended lo que significa: misericordia quiero, y no sacrificio. Porque no he venido a llamar justos, sino a pecadores, al arrepentimiento*" (MATEO 9:13). Dios se comunica con nosotros en el propiciatorio. Esto no desaparece; es la atmósfera y ambiente de la presencia de Dios.

Esto llega al corazón de lo que llamamos religión. La religión del hombre es juicio pendiente de la crítica, legalismo y debate. **Dios no quiere que actuemos con juicio, quiere que actuemos en el propiciatorio.**

Un hombre llamado Rex Andrews caminó con el Señor pero flaqueó en 1940. Luego Dios lo alcanzó en su misericordia y lo cambió, y regresó al Señor. La Presencia de Dios fue restaurada para él en un momento. En 1944, a la altura de la Segunda Guerra Mundial, Dios dio a este hombre una revelación de lo que es misericordia a través de un don de profecía. Dios le dijo:

> "Misericordia es el sistema de provisión de Dios para cada necesidad en todas partes. Misericordia es esa amabilidad, compasión y ternura, que es una pasión por sufrir o participar en las enfermedades o maldades de otros, a fin de aliviar, sanar y restaurar, aceptar al otro libre y alegremente como él es, y suplir al necesitado de lo bueno de la vida para construir, traer paz y mantenerse en paz Es poner al otro tal como es en el corazón de uno, apreciarlo y sustentarlo allí. La misericordia toma los pecados, maldades y faltas de otros como propias, y libera al otro al llevarlas a Dios. Esto es llamado el brillo del amor. Esta es la unción".

Aunque almacenamos la Palabra, clamamos la cruz de quebrantamiento, caminamos en la realidad de que Dios es bueno y que estamos unidos por su extravagancia, su riqueza y su grandeza, y vestidos con el don de justicia hecho disponible para nosotros a través de la sangre de Jesús, pero hay algo más. Cuando tomamos este incienso frescamente mezclado, lo ofrecemos sobre los fuegos de ferviente oración y lo llevamos mas allá del velo, *hay aún una cosa necesaria*. Necesitamos que la *misericordia* sea edificada en nuestras vidas.

Anhelo ser una persona de su presencia. No soy quien era. Aun no soy quien quiero ser. Anhelo ser una persona de su presencia, una que pase tiempo con Él y luego libere resplandor de su gran Presencia al mundo que me rodea. El Señor busca una persona que simplemente venga y *esté con Él*. Él quiere una nación de reyes y sacerdotes que diligentemente vayan desde la oración hacia su Presencia, y lleven la característica distintiva de su pueblo: Dios con nosotros.

Creo que la Iglesia ha corporativamente ministrado en el altar de incienso por los últimos quince años pero, en un sentido, nunca ha ido dentro donde mora su Presencia. Ahora es como si estuviéramos cruzando el umbral y atravesando el velo hacia el Lugar de su Presencia manifiesta. Este es un nuevo comienzo, un fresco inicio. Esta es la razón por la que hay un nuevo viento que sopla a través de la Tierra, un viento llamado renovación, avivamiento, y un hambre por que un gran despertar venga.

> No soy quien era. Aun no soy quien quiero ser.
> Anhelo ser una persona de su Presencia, uno que pase tiempo con Él y luego libere el resplandor de su gran Presencia al mundo que me rodea.

¿Qué nos requiere el Señor? Nos llama a que estemos con Él. Es tiempo de atravesar, de morar en su Presencia: "¡Ven, ven, ven!", dice el Señor. "Ven, ven, ven delante de mí."

La oración no es una técnica. La oración no es una metodología. No es una cuestión de "pasos uno, dos y tres". Es venir a una Persona y ser saturado con la comunión de su gran y gloriosa Presencia. Dios desea que restauremos el fuego sobre el altar en su Iglesia hoy. Durante los últimos quince a veinte años fuegos renovados de oración han cercado la Tierra. ¡Esto es maravilloso! Es la primera vez que estos fuegos renovados han estallado a este grado de la escala global.

Pero quiero decirle que Dios está al borde de llevarnos más profundo, porque no es una cuestión de técnica o habilidad. No depende de los seminarios a los que asistimos o de las cintas o videos que compramos. La Iglesia está aprendiendo de nuevo lo que los moravos y otros descubrieron hace casi medio milenio. Lo más grande en la vida es ser capaz de tocar el corazón de Dios y que su corazón lo toque a usted. Es tiempo de entrar y asolearse en su brillante Presencia.

Notas

1. *Diccionario de Estudio Merriam-Webster,* 10ma. *Edición,* 477.

2. **Galbano,** Strong (2464).

3. R. Laird Harris, Gleason L. Archer, Jr., Bruce K. Waltke, eds. *Glosario Teológico del Antiguo Testamento Vol. 1* (Chicago: Moody Press, 1980), *lebona, incienso puro* (1074.4), p. 468.

4. **Incienso puro,** Strong (3828).

Capítulo 7

Restauremos la casa de oración para todas las naciones

Jesús dijo: "¿No está escrito: Mi casa será llamada casa de oración para todas las naciones?" (Marcos 11:17, NVI).

E stoy agradecido de estar vivo hoy. Veo al Hijo de Dios entrar otra vez a la casa de su Padre con un celo feroz para tumbar las mesas de las órdenes del día, de hombres desobedientes. Una vez más el Cordero de Dios ha tomado por asalto la casa de su Padre con el celo devorador del Señor de los Ejércitos. Él no está contento solo con voltear nuestras mesas de pompa y circunstancias religiosas, y los programas placenteros del hombre. Se mueve sobre las jaulas que hemos construido con nuestra rígida religión para confirmar y controlar la Paloma de Dios, ¡el Espíritu Santo! Casi puedo oírlo decir: "Paloma mía, los hombres han pensado mantenerte en una jaula, pero yo voy a sacudir esa jaula una vez más y hacer que salgas. Porque donde el Espíritu del Señor está, hay libertad".

Casi puedo imaginar la escena en el templo de Herodes, cuando una conmoción se levantó a un lado a medida que el Espíritu de Dios se movía sobre los niños. Puedo imaginar al Espíritu que motivaba incluso al más pequeño de los niños a profetizar y cantar alabanzas con éxtasis. Casi a gritos, puedo oír murmullos de desaprobación de la multitud religiosa: "No se ha sido visto esto antes, y no nos gusta".

El celo del Señor de los Ejércitos es liberado en la Tierra. El poder y la unción en la Iglesia escalan a medida que Dios libera el celo de la casa del Padre sobre su pueblo. Esto trae una osadía santa y un espíritu insaciable de oración. Es el resultado del celo santo de Dios, quién declara en voz alta: "Vengo para tomar posesión de mi casa y reclamar mi casa para mí". En el Espíritu, puedo oír a Jesús declarar a esta generación de creyentes:

"Han hecho de mi casa una cueva de ladrones, pero digo que la casa de mi Padre debería ser llamada **casa de oración para todas las naciones**. Como sucedió en los últimos días de mi ministerio terrenal, así debería ser en los últimos días de mi ministerio en la Tierra por el poder del Espíritu Santo. El celo por la casa de mi Padre vendrá sobre ustedes y habrá una declaración que será expresada en los días posteriores."

"Habrá un entendimiento que vendrá: la casa del Padre no es en primer lugar la casa de predicación. La casa del Padre no es la casa de los sacramentos. No es una casa de confraternidad o de dones sobrenaturales. Mi casa tendrá muchas de esas cosas, pero la casa de mi Padre será conocida, en primer lugar, como casa de oración para todas las naciones, de personas que son edificadas juntas, santas, en fuego, misericordiosas; de piedras vivientes que son construidas juntas a medida que ellos buscan mi rostro. Y existirá un humo que saldrá de esas piedras vivientes que son edificadas juntas. Y la señal de humo se elevará al cielo más alto y será recibido. Este humo es llamado el incienso de oración" (ver SALMO 69:9 Y JUAN 2:17).

En Marcos 11:17 Jesús dijo: *"¿No está escrito: 'Mi casa será llamada casa de oración para todas las naciones'? Sino que han hecho de esta una cueva de ladrones"* (ÉNFASIS MÍO). Jesucristo personalmente limpió el templo de mercaderes, quienes habían profanado y manchado la casa de oración de su Padre. Los cuatro evangelios registran cuidadosamente esta demostración del celo de Dios (MATEO 21:12-13; MARCOS 11:15-17; LUCAS 19:45; JUAN 2:14). El relato de Juan dice que Jesús personalmente hizo un azote con cuerdas, para esa tarea. El Señor condenó las acciones de los hombres diciendo en realidad: "¡Ustedes cambiaron la casa de mi Padre y la convirtieron en algo que nunca debió ser! La han hecho una cueva de ladrones". Cristo citó del pergamino de Isaías antes de declarar que la voluntad y el corazón del Padre habían sido violados (Isaías 56:7).

Él dijo que la casa de Dios debía ser marcada por la oración para todas las naciones. La palabra griega de naciones es *ethnos*. Dios pretendió que su "casa de oración" tomara "una postura intercesora redentora" mundial, que se extendiera más allá de Israel. Cada creyente en este sacerdocio real es llamado a adorar, alabar, orar e interceder. Aunque la oración o la alabanza nunca estén específicamente listadas entre los dones espirituales de la gracia, *charisma*, en griego, como el don de la fe o el don del discernimiento de espíritu, nosotros encontramos una unción en el sacerdocio levítico del Antiguo Testamento que anuncia la unción sobre la nueva orden de sacerdotes bajo la sangre. En vez de una pequeña familia apartada para ser adoradores, Dios marcó a una nación entera de fe con su sangre.

¿Dónde está la oración en la lista de dones?

Efesios capítulo 4 describe los dones del liderazgo (*doma*, en griego) de los apóstoles, profetas, evangelistas, pastores y maestros, pero la oración y la adoración tampoco están específicamente listadas allí. Sin embargo, después de preguntarle muchas veces a nuestro Padre, he llegado a la fuerte convicción de que Dios las omitió a propósito. ¿Por qué? Porque así como los creyentes del Nuevo Testamento delante de Dios el Padre y su Cristo, cada uno de nosotros somos llamados ante el trono de Dios para ofrecer continuos sacrificios de adoración, alabanza y oración –que incluye intercesión–.

La adoración es el acto y la actitud de entregarse totalmente a Dios con todo su espíritu, alma y cuerpo. La palabra griega traducida como "adoración" es *proskuneo*. Significa "besar, como un perro que lame la mano de su amo; postrarse uno mismo en reverencia, culto y adoración (ver Mateo 4:10). Jesús le dijo, además, a la mujer samaritana, que Dios buscaba a aquellos que lo adoren en espíritu y en verdad (Juan 4:23).

La intercesión significa hacer una suplica a un superior. La oración es nuestro medio para pedirle día y noche a nuestro Padre Dios, su intervención a nuestro favor (Lucas 11:13). La oración es nuestra llave para liberar sus bendiciones de unos a otros para salvación, sanidad, unción y toda otra necesidad personal y corporativa. Estamos para ofrecer oraciones a favor de las personas, ciudades, iglesias, naciones, grupos familiares y las miles de tribus en la Tierra. Según Apocalipsis capítulos 5 y 8, la adoración y la oración están para venir juntas como la prenda sin costura usada por los sacerdotes de Dios: unidas, adheridas y enlazadas juntas. ¡Dios busca personas que alaben y oren! Él le dijo a Ezequiel que no había encontrado a nadie que se parara en la brecha e intercediera, y se horrorizó (VER EZEQUIEL 22:30).

Un mundo oprimido

Expresiones de oración y adoración aparecen continuamente juntas en todo el Nuevo Testamento. Casi todos los que le pidieron a Jesús que interviniera en sus vidas o supliere una necesidad primero, vinieron y se inclinaron ante Él, *primero*. La adoración implica rendir nuestros corazones –y a veces nuestros cuerpos– ante Dios. Dios busca personas que se humillen en sus corazones y pródigamente se entreguen en alabanza. ¡Ellas crearán una atmósfera para un trono de alabanza en el cual Dios mismo se complace en morar! Cuando nos humillamos y pródigamente entregamos nuestros corazones en alabanza y adoración a Él, creamos un lugar en el Espíritu desde el cual Él gobernará y reinará sobre sus enemigos.

> Casi todos los que le pidieron a Jesús que intervmiera en sus vidas o supliere una necesidad primero, vinieron y se inclinaron ante Él, *primero*.

La mujer cananea en Mateo 15:25 se humilló primero ante Jesús. Luego le pidió un milagro. La oración y la adoración son mencionadas como partes integrales e interactivas de la iglesia primitiva. Hechos 16:25 describe cómo Pablo y Silas, con sus espaldas heridas y sangrando, valientemente oraron y alabaron a Dios a gran voz, estando incluso encarcelados.[1]

También era imposible separar la oración y la alabanza en el Antiguo Testamento. Los adoradores judíos a menudo cantaban alabanzas de Dios y se introducían suavemente en oración, y volvían nuevamente al canto. Las dos cosas estaban originalmente interrelacionadas y nunca se pretendió que estuvieran separadas. El Señor declaró: *"Yo los llevaré a mi santo monte, y los recrearé en mi casa de oración"* (ISAÍAS 56:7A). La palabra Hebrea para oración aquí es *tephillah*. Se describió setenta y siete veces en el Antiguo Testamento, haciendo referencia a "intercesión, súplica; implicando un himno de oración".[2] Otro origen implica varios significados incluyendo la intercesión, hasta el acto de intervención, juicio y súplica quebrada.[3]

Mi definición reducida de esta clase de oración está basada en la decisión de David el salmista, de clasificar sus himnos, salmos como oraciones. Yo llamo *tephillah* a "los juicios intercesores cantados de Dios". Este término es usado específicamente para intitular los cinco salmos más grandes: Salmos 17; 86; 90; 102 y 142. Además, es usado en el título para la oración de Habacuc en Habacuc 3:1. Esta era una unión del alto ministerio sacerdotal de la oración y la alabanza.

En el Salmo 72:20, la Biblia dice: *"Aquí terminan las oraciones de David, hijo de Isaí"*. Nuevamente, David el salmista usa el plural de la palabra, *tephillah* para significar "el juicio intercesor cantado de Dios". Esta referencia del Salmo 1 al 72 claramente nos dice que todas ellas eran "oraciones cantadas".

Un nombramiento divino

Ahora que entendemos mejor lo que el Señor quiere decir cuando dice que su casa debe ser *"casa de oración para todas las naciones"*, necesitamos regresar al número "37" Después de nuestro encuentro con el Señor en la torre vigía de Herrnhut en 1993, Michal Ann y yo llevamos al equipo de intercesores a la ciudad de Liberec, en la Republica Checa. Tres años antes, en 1990, había visitado Praga con mi querido hermano Mahesh Chavda, seis meses después que el comunismo cayera. Él condujo una reunión masiva donde diez mil personas vinieron; y oramos por sanidad hasta las 02:00 hs, todas las noches.

Un año más tarde fui invitado a hablar en su conferencia nacional en Praga, y en su cumplimiento llevé mi equipo al norte de Chechenia, a esa ciudad pintoresca llamada Liberec. Un día, mientras las personas de nuestro equipo del ministerio se tomaron el día y salieron a dar un paseo, yo permanecí en mi habitación para buscar al Señor. Solamente una cosa vino a mí ese día. Dios quería que me encontrara con un hombre que había recibido una visión celestial.

Tenía programado hablar en una iglesia de la ciudad esa noche, y nunca encontré el liderazgo de la iglesia. Ni siquiera sabía qué clase de iglesia era. Noté que el pastor no estaba en la plataforma, pero no me di cuenta de que él estaba sentado entre la congregación al lado en la plataforma esa noche. Me paré para hablar, y en medio del camino el Señor me hizo señalar a esa persona sentada a un lado y decir: "Señor, usted ha tenido una visión celestial. Usted ha sido elevado en el Espíritu ante Dios, y Él le dijo diez cosas que van a suceder. Y va a ser usado para ayudar a restaurar la Vigilia del Señor".

No sabía que este hombre, el pastor Evald Rucky, era un pastor moravo de esa congregación de trece personas, que se ha convertido desde entonces en una iglesia vibrante de unos cien miembros. Durante el comunismo, este había sido un pequeño grupo. A comienzos del año Evald había viajado a Suecia. Mientras predicaba, tuvo un ataque al corazón y estuvo en coma por unos pocos días. Su pastor asociado, Pedro, era también su mejor amigo. Evald me dijo más tarde que "se fue en un pequeño viaje de tres días" y que vio al Señor. Miró el globo de la misma manera que Ezequiel cuando estuvo *"suspendido entre el cielo y la tierra"* (EZEQUIEL 8:3). Evald vio nubes oscuras sobre Europa central, penetradas por luces blancas que subían y bajaban de los cielos.

El Espíritu Santo explicó: "Esos son mis ángeles que son liberados en respuesta a las oraciones de los santos". Ellos estaban traspasando las nubes negras, las que eran espíritus territoriales concentrados sobre Europa central.

Al tercer día de la visita celestial de Evald, su mejor amigo, Pedro se reunió con la esposa de Evald al lado de la cama de su querido amigo, de quien se creía estar sumergido en un coma profundo. Pedro no sabía cómo orar por su amigo. Evald, cuyo espíritu parecía estar en el cielo en ese momento, no se daba cuenta que era un marido, un padre y un pastor cuyo trabajo estaba incompleto. Él solo disfrutaba del cielo.

Luego Pedro comenzó a orar una "oración de lagrimas" desde su corazón. A medida que las lágrimas de Pedro caían de sus ojos y tocaban el cuerpo de Evald en la cama del hospital, Evald de pronto comenzó a estar consciente en el cielo de que era un marido, un padre y un pastor, y que su trabajo aun no estaba completo. Además, supo que tenía una decisión que tomar.

> Evald vio nubes oscuras sobre Europa central penetradas por luces blancas que subían y bajaban de los cielos. El Espíritu Santo explicó: "Esos son mis ángeles que son liberados en respuesta a las oraciones de los santos".

En un momento Evald se encontró volando por los cielos. Luego su espíritu golpeó su cuerpo en la cama del hospital. Fue sanado milagrosamente en un instante. Los doctores lo declararon un milagro. ¡Fue dado de alta del hospital y no tuvo que pagar un centavo de gastos médicos! Hoy conozco bien la historia. Pero esa noche en 1991, solo dije: "Hay un hombre aquí que ha tenido una visita celestial". Evald reaccionó, y el resto es historia. Las personas en ese servicio hicieron circular una lista de firmas. Las personas firmaron que a partir de esa noche iniciarían una Vigilia del Señor renovada, y no se ha detenido. Ellos tienen una de las iglesias más vitales de toda la Republica Checa hoy, y recientemente iniciaron ocho iglesias satelitales. Creo que Evald hoy opera en un auténtico llamado apostólico.

¡Doblegarse en la calles!

En 1993, recién llegados de nuestro encuentro en Herrnhut, nos encontramos de vuelta en la ciudad de Evald, Liberec. Dividimos nuestro grupo de oración en pequeños equipos para permanecer en las casas de las personas allí, y mi esposa y yo guiamos un pequeño grupo hacia un área llamada Heineson, donde una iglesia satélite estaba ubicada. Michal Ann y yo caminábamos por una pequeña calle en compañía de líderes y miembros de algunas iglesias, cuando notamos algunos pequeños objetos blancos esparcidos en la calle. Me acerqué a esos objetos y sentí que la fe comenzaba a elevarse en mí. Se los mostré a Michal Ann, quien comenzó a entusiasmarse también. Esos objetos parecían como bolitas blancas. Por alguna razón sentí que teníamos que recogerlas. Amo al Espíritu Santo. Él no solo es bueno, sino que también es muy divertido. Por lo tanto Michal Ann y yo bajamos nuestras manos y rodillas para recoger esas bolitas sobre una calle de la República Checa, mientras llovizaba sobre nosotros. ¡Pienso que los líderes de la iglesia local que nos miraban, se preguntaban si habíamos perdido nuestras bolitas! La verdad es que "nosotros las hallamos ese día". Esas bolitas parecían hechas de alguna clase de piedra blanca. Después de recoger cada simple bolita, nos sentimos inducidos a contarlas mientras los líderes esperaban por nosotros. ¿Adivine cuántas encontramos? ¡37!

Pequeñas llaves abren grandes puertas. La interpretación simbólica de este pequeño incidente vino instantáneamente: "¡La Iglesia 'perdió sus bolitas' hace algún tiempo, y nosotros hemos perdido la mente de Cristo respecto a la perspectiva celestial del valor eterno de la oración!" Dios tiene algo en mente: Ezequiel 37. Dios está deseoso de devolver sus bolitas, la mente de Cristo, a su Iglesia, porque ella ha perdido su camino. ¡Estamos recuperando su perspectiva eterna sobre el valor de las oraciones de dos o tres que se unen en el nombre de Jesús! Él quiere devolvernos la llave del poder liberado cuando los creyentes se unen en armonía en el nombre de Jesús. En su vida y ministerio, el entendimiento solo puede requerir un simple y humilde paso: pedir.

Mi esposa y yo no podíamos imaginar por qué estábamos muy entusiasmados ese día en Heineson, y aquellos líderes de la iglesia local, tampoco, hasta que comenzamos a contar nuestras bolitas. Todavía conservo esas 37 preciosas bolitas sobre el mantel de nuestra chimenea.

La oración precede a las misiones

La obra misionera y la evangelización mundial organizada como la conocemos hoy, realmente no existió en el mundo occidental hasta que Dios encendió fuego en los corazones de los moravos a través de la vigilia del Señor. No fue un accidente que Dios restaurara el fuego en el altar de la oración *primero*, y luego encendiera una pasión por las almas perdidas a través de la oración. Permítame tomar una cita del relato de Leslie K. Tarr una vez más:

> "Seis meses después del comienzo de la vigilia de oración, el conde [Von Zinzendorf] sugirió a sus compañeros moravos el desafío de un evangelismo bien detallado dirigido al este de la India, Groenlandia, Turquía y Lapland. Algunos fueron escépticos, pero Zinzendorf persistió. Veintiséis moravos dieron un paso adelante por las misiones mundiales en donde quiera que el Señor guiara".[4]

En 1832, cien años después de que los primeros misioneros partieran al suelo extranjero, cuarenta y dos estaciones moravas misioneras existían en todo el mundo. Hoy los miembros moravos de las iglesias sobrepasan a aquellos en cuatro a uno.[5]

No fue un accidente que Dios restaurara el fuego
en el altar de la oración *primero*, y luego encendiera
una pasión por las almas perdidas a través de la oración.

Hoy, cada sesenta minutos, siete mil personas mueren, de las cuales seis mil no conocen al Señor Jesucristo. Existen doscientos treinta y cinco entidades geográficas llamadas naciones, de las cuales noventa y siete han sido virtualmente cerradas a actividades misioneras convencionales y residenciales. Un estimado de 2,6 mil millones de personas no alcanzadas viven en esas naciones cerradas en lo que ha sido llamada "La Ventana 10/40". Millones de cristianos recientemente se han congregado para orar e interceder por esas personas, pero ese esfuerzo de uno o dos solo es el comienzo de lo que Dios está haciendo en su Iglesia [6]

Podemos ver una imagen de las metas de Dios en Apocalipsis 5:8-10. Jesús nos enseñó a orar *"Hágase tu voluntad, como en el cielo, así también en la tierra"* (Mateo 6:10). De acuerdo a ese pasaje en el libro de Apocalipsis, el redimido de Dios en el cielo proviene de cada tribu, cada lengua, pueblo y nación. ¡Estuvieron involucrados en una incesante adoración y alabanza al Señor!

El cielo en la Tierra

Nunca olvidaré el maravilloso sonido de la adoración de un servicio sostenido en Williamstadt, la capital de la nación de la isla de Curaçao, una de las islas de las Antillas Holandesas en la costa de Venezuela, donde aproximadamente viven 136.000 personas. ¡Lo que me asombró fue cómo esas personas alaban! ¡Su servicio de adoración era conducido en cuatro idiomas a la vez! Ellos cantaban en danés, ingles, castellano y en su propio dialecto llamado papiamento. Fue maravilloso. Fue un placer del cielo. En un momento cantaban las alabanzas de Jesús en inglés, luego las cantaban en danés. Cantaban "Te exalto" en castellano, luego en papiamento y finalmente en inglés. Desplegaban múltiples expresiones en danza y oración. Yo pensaba: *Señor esto me gusta.* Sentí como si Él respondiera: "¡Si te gusta esto, espera hasta que subas conmigo!"

Jesucristo nos transforma en una "casa de oración". Él anhela que nosotros vertamos pródigamente nuestros temores, nuestro amor, nuestra afección, nuestra adoración y nuestras lágrimas sobre los pies de Jesús. Anhela escucharnos decir una y otra vez: "Dios, rindo mi vida ante ti". Al hacerlo, Él hará resplandecer su rostro sobre nosotros con toda su gloria y dirá: "Ve. Tus pies están calzados con la preparación del evangelio de la paz".

En el Salmo 2:8 Dios dice: *"Pídeme, y te daré por herencia las naciones. Y como posesión tuya los confines de la tierra".* Muchas voces en el mundo eclesiástico dirán: "Tú puedes tener el mundo, yo no lo quiero. Este país se va al infierno, pero yo voy al cielo". Algunas veces estamos demasiado listos para regalar aquello que Dios quiere darnos, solo porque hay algo más grande en la Tierra. Dios todavía necesita algunos Josués y Calebs hoy.

Él busca personas que se coloquen en la brecha y digan: "Sí, Señor, busco las recompensas del sufrimiento de Cristo. Pido por las naciones como un taburete para tus maravillosos pies". Dios quiere ver una nación entera de reyes y sacerdotes ofrecer esta oración con fe, poder y pasión.

Las llaves de la cosecha

Ninguna cosecha puede tener lugar sin oración, por cuatro razones importantes:

1. Solo una parte pequeña del pueblo de Dios está involucrada en sembrar la semilla.

2. Solo una parte pequeña de la semilla sembrada realmente germina.

3. Solo una parte pequeña de la semilla que germina continúa creciendo hasta ser una cosecha completa.

4. Solo una parte pequeña de la cosecha actual es utilizada completamente.

Sus oraciones pueden hacer una diferencia vital, especialmente si armoniza en oración con otros y las enfoca cuidadosamente. ¡Dado que la oración no es obstaculizada por las barreras del tiempo, la distancia o el lenguaje, usted puede unirse a cualquier equipo ministerial sobre la Tierra!

Los equipos pueden constantemente sembrar la semilla del evangelio en la Tierra. Por amor a Dios, incorpórese al equipo de alguien. ¡Ore por líderes ministeriales y ayúdelos a ver algo convertido en una cosecha! Recuerde, ¡a través de la oración usted puede unirse a cualquier equipo! Usted no está confinado por el tiempo, la distancia o el espacio. Pídale a Dios que lo guíe hacia el ministerio o hacia las personas que Él quiere que usted apoye en oración. Él agobiará su corazón. Usted se volverá un Aarón o Hur moderno: alzará las manos cansadas de su Moisés elegido por Dios.

Sus oraciones pueden "regar" la cosecha y energizar la semilla que ha sido sembrada. Tal vez la necesidad más grande entre el tiempo de la semilla y la cosecha es la lluvia. Espiritualmente hablando, ¡demasiadas semillas han sido sembradas para traer millones a Cristo! No existe defecto en la semilla. El problema es el agua. La extensión de la cosecha puede depender de la cantidad de oración que riega la semilla.

> Únase a Esdras, Nehemías, Ester, Débora y Daniel, cuyas oraciones cambiaron los corazones de gobernadores, alteraron las leyes de la Tierra, e influenciaron a líderes nacionales.

Sus oraciones pueden ayudar a cultivar su cosecha. Jesús advirtió que el disturbio, la persecución, las preocupaciones de la vida y los engaños de la riqueza causarían tropiezo y volverían la palabra infructuosa. (Mateo 13:20-22). Sus oraciones pueden alentar, fortalecer y proteger la semilla germinada durante el periodo critico, cuando la nueva vida llega.

¡Su oración realmente puede influenciar a líderes mundiales y activar los recursos de Dios! Proverbios 21:1 dice: *"Como los repartimientos de las aguas, así está el corazón del rey en la mano del Señor; a todo lo que quiere lo inclina"*. Únase a Esdras, Nehemías, Ester, Débora y Daniel, cuyas oraciones cambiaron el corazón de gobernadores, alteraron las leyes de la Tierra, e influenciaron a líderes nacionales.

Orar por la cosecha

Tengo un amigo llamado Dick Simmons, que es una de las personas intercesoras clave en esta nación. Hace más de treinta años, cuando Dick asistía al colegio bíblico en la ciudad de Nueva York, fue señalado para intercesión. En medio de la noche a orillas del río Hudson, comenzó a clamar al Señor en intercesión por la ciudad de Nueva York. Oraba por encima de sus pulmones: "¡Señor, te suplico que envíes obreros a tu campo!" Sus oraciones agonizantes eran tan fuertes a las 02:00 –incluso para los estándares de la ciudad de Nueva York– que de repente fue bañado en reflectores. Los oficiales de policía gritaron: "¿Qué hace? ¡Ha sido reportado por interrumpir la paz, porque ha despertado a las personas!".

Dick vociferó: "Oh solo oro al Señor de la cosecha, para que envíe obreros a su campo".

Los oficiales de policía deben haber sido *shockeados* o algo así, ya que se pusieron de acuerdo con el hermano Simmons. Lo dejaron ir sin ningún cargo ni apercibimiento. Esa noche el Espíritu Santo de Dios descendió sobre un pequeño y flaco predicador en la Pensilvania rural, y le hizo un llamado divino de llevar el evangelio a la ciudad de Nueva York. ¿Conoce su nombre? Era David Wilkerson. No es asombroso que cuando David Wilkerson estableció el primer Centro de Desafío de Adolescentes en la ciudad de Nueva York, eligiera a Dick Simmons para ser su primer director.

Le digo la verdad: si usted se atreve a repetir las oraciones de Jesús, su petición atravesará los cielos y al Padre, Él mismo la recibirá. Entonces, mientras los tazones de oración son volcados, ¡Él las enviará de vuelta a la Tierra a la velocidad de la luz, para efectivizar su divina voluntad y juicio sobre la situación! Estudie la Palabra de Dios y aprenda cómo orar con poder y efectividad. Comience orando el clamor décuplo de los colosenses en Colosenses 1:9-12:

> *Por lo cual también nosotros, desde el día que lo oímos, no cesamos de orar por vosotros, y de pedir que seáis llenos del conocimiento de su voluntad en toda sabiduría e inteligencia espiritual, para que andéis como es digno del Señor, agradándole en todo, llevando fruto en toda buena obra, y creciendo en el conocimiento de Dios; fortalecido con todo poder, conforme a la potencia de su gloria, para toda paciencia y longanimidad; con gozo dando gracias al Padre que nos hizo aptos para participar de la herencia de los santos en luz.*

Aplicaciones sabias

Dick Eastman lista cinco peticiones de revelación y cinco peticiones de bendición sobre este pasaje en su libro *El amor de rodillas*[7], el cual he adaptado para este capítulo:

115

Cinco peticiones de revelación

Orar por una revelación de la *voluntad de Dios* para el trabajador evangélico, una persona o pueblo. Esta oración es por dirección divina.

Orar por una revelación de la *sabiduría de Dios*, o percepción divina. Es una oración con la que las personas no solo serían llenas del discernimiento de la voluntad de Dios, sino que él o ella, además, sabrán *cómo implementarla* de una manera sabia.

Orar por una revelación del *entendimiento* o la comprensión *de Dios*. Eso significa que las personas sabrán lo que el Padre tiene para que él o ella hagan y cómo hacerlo, así como también, cuándo, dónde y con quién.

Orar por una revelación de la *santidad de Dios*, para que las personas caminen como es digno del Señor y le agraden de todas las formas.

Orar por una revelación del *placer* o la gratificación divina *de Dios*. Esta realmente es una clave. Usted necesita orar por ella para su propia vida y para la vida de aquellos a quienes Dios ha puesto en su corazón. Orar para que ellos tengan una revelación de la complacencia que Dios encuentra en ellos y en su trabajo de obediencia. Además, orar para que Jesús se vuelva su placer principal. En realidad, es una oración por intimidad.

Cinco peticiones de bendición

Orar por la *efectividad*, productividad y fructificación *en aumento*. Orar para que las personas se vuelvan más fructíferos en cada buena tarea y acto.

Orar por su *crecimiento devocional* o espiritualidad *en aumento*. Orar para que ellos puedan conocerlo y acercarse a Él en una creciente intimidad.

Orar por *incremento de fortaleza*. Usted podría llamarlo "durabilidad aumentada", donde el trabajador o la persona tiene una piel gruesa como un rinoceronte, pero un corazón tierno.

Orar por un *incremento de paciencia*.

Orar por un *incremento de gozo*. Orar para que tengan un deleite en aumento en la obra del Señor. Pedir a Dios que los bendiga y orar para que un balde de gozo sea volcado sobre sus cabezas. El gozo del Señor es nuestra fortaleza (NEHEMÍAS 8:10).

¿Cómo vendrá la cosecha?

La gran cosecha del Señor nunca será cumplida por una pocas manos arrendadas, ni siquiera por un equipo de evangelistas, apóstoles, profetas, maestros y pastores altamente dotados. La obra es demasiado grande, el espacio demasiado imponente para ser cumplido por una poca elite. ¡Solo una iglesia de oración puede cosechar un mundo entero perdido, en una generación! Dios llama a cada miembro de su familia a volver al fundamento de la oración que da principio a todo gran mover de Dios en la Tierra. ¡Es tiempo de que doblemos nuestras rodillas y oremos para que el corazón de Dios esté sobre la Tierra! Es tiempo de que recuperemos nuestras bolitas y tengamos la mente de Cristo concerniente a la "Casa de oración para todas las naciones".

Notas

1. Strong´s, **adoración** (#4352)

2. Strong's, **oración** (#8605)

3. *Glosario Teológico del Antiguo Testamento*, Vol. 2, **oración** (Lepilla, Hebreos #1776ª), pp. 725-726, provee las palabras descritas citadas en mi texto, aunque no hayan sido citadas directamente de esta obra.

4. Tarr, "Una reunión de oración".

5. "El mundo de 1732," Revista de la *Historia cristiana* (Worldchester, Pensilvania, 1982) Vol. I, Nro 1, 13.

6. Dick Eastman, *El amor de rodillas* (Grand Rapids: Cosen Books, 1989), 105. Las estadísticas y datos seleccionados fueron tomados de este excelente libro sobre la oración y la cosecha.

7.Eastman, *El amor de rodillas*.

Capítulo 8

Restauremos la expectativa de lo sobrenatural

L as manos del antiguo sacerdote temblaban cuando vertían lentamente pizcas de incienso frescamente mezclado sobre el antiguo altar del incienso en el templo de Herodes. "¿Cuántas veces he entrado a este lugar y hecho lo mismo delante de la Presencia?", el anciano Zacarías se preguntó a sí mismo. Este persistente sonido de los continuos cantos, gemidos y clamores de las personas que oraban fuera del Lugar Santo, podía ser oído, aunque las sólidas paredes de varios pies de altura y el espeso velo de separación había apaciguado en parte su fuerza.

Al recitar las antiguas oraciones intercesoras de la Torah remontándose a Moisés (Moshe), Zacarías el sacerdote sintió un extraño estremecimiento correr por su cuerpo, mientras un pensamiento hace tiempo olvidado surgió en su mente sin ser llamado: "¿Por qué no pides por ti mismo?" Tomó la última pizca de incienso en su mano derecha, lo derramó gentilmente en las brillantes llamas del fuego humeante sobre el altar y susurró a la Presencia que apenas podía sentir a través del espeso velo:

"Oh, Santo Dios de Abraham, Isaac y Jacob, desde el nacimiento he sido llamado Zacarías, 'Jehová ha recordado', y mi amada Elisabet ha sido llamada 'Dios del Juramento' o 'el juramento de Dios'; pero el nombre que más escuchamos es 'estéril'. ¿Me recordarías, Antiguo, aunque no tenga heredero? Tú has declarado que bendecirías a aquellos que te buscan, y yo te busco este día. Concédeme el deseo de mi corazón de que podamos alabarte y adorarte en compañía de un hijo antes de que muramos. Entonces nuestros nombres declararán la verdad y la misericordia en tu nombre, Santo".[1]

Repentinamente, la débil luz de las siete llamas del candelero de oro en el Lugar Santo fue eclipsada por una luz enceguecedora y un sentimiento paralizante de temor. Cuando Zacarías repentinamente giró para ver de dónde provenía la luz, tuvo un profundo sentimiento en la boca del estómago. "¡Soy hombre muerto! –pensó–. He transgredido al Todopoderoso y estoy perdido...". Al momento que sus ojos se detuvieron en la brillante figura parada al costado del altar del incienso, fue saturado con terror y temor:

Pero el ángel le dijo: Zacarías, no temas; porque tu oración ha sido oída, y tu mujer Elisabet te dará a luz un hijo, y llamarás su nombre Juan. Y tendrás gozo y alegría, y muchos se regocijarán de su nacimiento (Lucas 1:13-14).

Momentos más tarde Zacarías salió tambaleante del Lugar Santo, temblando y frotando sus ojos con lágrimas que mojaban sus vestiduras sacerdotales. Los otros sacerdotes se precipitaron a él y lo apabullaron con preguntas urgentes acerca de lo que había ocurrido y por qué se había ido tanto tiempo. Pronto se dieron cuenta que el sacerdote que habían conocido la mayor parte de sus vidas, era un hombre cambiado. Dios debe haberlo visitado en el Lugar Santo, porque no pudo hablar por un largo tiempo. Algunos pensaban que Zacarías había sido maldecido por alguna clase de trasgresión y suponían que fue afortunado de estar vivo, pero otros, que lo conocían bien, pensaban diferente.

Al tiempo todos sabían exactamente lo que había ocurrido en el Lugar Santo ese día. La verdad es que en ese íntimo esquema de la antigüedad, representado por los adornos de adoración sacerdotal y los sacrificios de sangre, fuego y expiación temporaria, Dios había dado nacimiento a algo nuevo. Gabriel, el arcángel de Dios, se encontró con Zacarías en el Lugar Santo y anunció la respuesta de Dios a su ferviente oración, pero la incredulidad del sacerdote hizo que perdiera su capacidad de habla. Era Elisabet, cuyo nombre significa literalmente "el juramento de Dios", quien llevaría el hijo prometido por Dios en su anciano seno por nueve meses a partir del momento que Zacarías regresara a casa.

Ella misteriosamente desapareció de la vista del público durante los primeros cinco meses, y muchos de los chismosos en la cuidad juraban que trataba de escapar del ridículo público, que vivía cada día en los mercados, e incluso durante las reuniones en el templo los días santos.

Zacarías no pudo hablar por nueve largos meses después de su encuentro sobrenatural. Pero el día octavo después del nacimiento de su hijo, Juan, las primeras palabras que el anciano sacerdote pronunció mientras contemplaba la nueva vida destinada a preparar el camino para la vida eterna, fueron palabras de adoración y alabanza a Dios (ver Lucas 1:64). El encuentro sobrenatural de Zacarías con Gabriel es un maravilloso cuadro de la forma en que Dios interviene en los asuntos de los hombres.

> Aquellos que estamos llenos con el deseo y los secretos de Dios, nos encontramos emprendiendo un viaje de encuentros, intercesión e intervención sobrenaturales, ¡mientras declaramos los decretos de Dios en la Tierra, por su Espíritu!

Zacarías comenzó el proceso con una vida dedicada, consagrada, que era intachable a los ojos de Dios. Se paraba en la oficina del sacerdote y ofrecía sacrificios de oración y alabanza a Dios en favor de otros, con el acompañamiento de la oración e intercesión congregacional. Finalmente pidió a Dios que actuara en su favor, y el fruto de su oración fue una bendición para todo el mundo y para cada generación después de él. No se había dado cuenta que su deseo secreto del corazón había sido el deseo de Dios desde el principio.

Su petición –bañada en adoración y alabanza, y llevada al corazón de Dios en oración personal y congregacional– hizo que la antigua semilla de Dios, su Palabra y promesas, sea plantada en la Tierra como una nueva semilla de intervención sobrenatural, que va a ser revelada en su debido tiempo.

El beso de Dios en nuestros corazones

Dios anhela vernos permanecer delante de Él y ofrecer el incienso de oración y alabanza sobre el fuego de nuestra pasión por Él. Si lo hacemos, pronto descubriremos nuestros corazones llenos con los deseos y secretos de Dios. Aquellos que estamos llenos con el deseo y los secretos de Dios, nos encontramos emprendiendo un viaje de encuentros, intercesión e intervención sobrenaturales, ¡mientras declaramos los decretos de Dios en la Tierra, por su Espíritu! Literalmente podemos mezclar el poder del inalterable anciano de días con la fe que Dios nos da hoy para crear algo nuevo y santo en la Tierra. ¡Qué privilegio tenemos en nuestra capacidad de orar en el nombre de Jesús!

¡Luego sucedió!

El viento soplaba ferozmente fuera de nuestra casa, justo antes de la medianoche del 6 de octubre de 1992. Era el Día de la Expiación, el antiguo día del sacrificio, salvación y nuevos comienzos observado por judíos de todo el mundo por miles de años. A las 23:59 fui repentinamente despertado por un estallido de un relámpago que iluminó claramente nuestra habitación. En la misteriosa luz oscilante en nuestro patio vi a un hombre parado en nuestra habitación. Me miraba directamente a mí...

Parpadeé y lo miré nuevamente, y él continuó mirándome, por lo que me pareció el minuto más largo de mi vida. Luego escuché las palabras: – Mira a tu esposa. Voy a hablarle.

Michal Ann aún estaba dormida cuando el ser me habló, pero cuando el reloj alcanzó la hora de medianoche, la *apariencia* manifiesta pareció abandonar la habitación. Podía sentir la presencia del ser aunque no podía verlo más. Michal Ann instantáneamente se despertó, y temblando en el temor del Señor. Le susurré:

– ¡Un ángel ha venido!

Juntos temblamos en la cama con la cobija levantada cubriendo nuestros rostros por los siguientes treinta minutos. Tyler, nuestro hijo de cuatro años, había venido a nuestra habitación cuando sintió temor por la tormenta, y dormía en el piso al lado de la cama durante toda la experiencia. Por alguna razón me dejé llevar por el sueño sin decir a Michal Ann lo que el "hombre" me había dicho. Ahora ella estaba completamente despierta mientras la sensación de la presencia se incrementaba y yo me dormía.

Mientras me dormía, el Espíritu Santo comenzó a moverse sobre Michal Ann en maneras más bien inusuales. En un momento sintió una mano en medio de su espalda, que ejercía gran presión, y ella podía escucharse gimiendo y quejándose a medida que la actividad se incrementaba. Era tan intenso que incluso tenía miedo de mirarse en el espejo, pensando que podría descubrir que su cabello se había vuelto blanco o la apariencia de su rostro había dramáticamente cambiado.

Justo en ese momento el intenso encuentro terminó y yo me desperté nuevamente. Una luz estaba brillaba sobre el vestidor de nuestra habitación. Continuamos temblando a medida que el temor del Señor se hacía más fuerte. Hicimos una débil oración y dijimos:

– Señor si esta visitación es de parte tuya, entonces haz que uno de nuestros hijos tenga un sueño con un ángel para confirmarnos esta visitación.

Esperamos y oramos tranquilamente: "¡Oh, Dios, oh Dios, oh Dios!" Pienso que nos identificamos con el viejo himno "¿Estabas allí?" en la frase que dice "Algunas veces Él me hace temblar, temblar, temblar". Luego me quedé dormido el resto de la noche, pero Michal Ann quedó sola nuevamente hasta las 05:00, con la terrible Presencia de Dios en la habitación.

Nos despertamos tarde esa mañana y encontramos a Tyler parado justo al lado mío, y dijo:

– Tuve un sueño anoche en el que un ángel venía y visitaba nuestra casa.

Justin, nuestro hijo mayor dormía en su habitación justo encima de nosotros, en el primer piso. Estaba muy emocionado esa mañana cuando nos dijo que él también tuvo un sueño en el que ángeles habían venido. En el sueño le fue mostrado un caballo blanco que era preparado para una misión que iba a venir. Interesante, ¿no? A Michal Ann también le fue mostrado el mismo caballo cuando en un momento pareció haber sido "transportada en el Espíritu". ¡Cuán confortante y tranquilizador fue! Dios apresuraba su Palabra para ponerla por obra. Recuerde, cuando algo es verdaderamente del Señor, Él la confirmará por el testimonio de dos o tres.

Un sueño de antemano

Aunque de alguna manera ya fuimos instruidos en las actividades sobrenaturales del Espíritu Santo, esto era algo totalmente nuevo. Pero es interesante notar que en el verano de 1992 tuve un sueno en el cual el Señor me indicó que estudie el ministerio y función de los ángeles. Ansiosamente leí todas las Escrituras referidas al tema y cada libro que pude encontrar. Pensé que era una tarea interesante, pero no tenía idea de que en el otoño de ese año nuestra casa se convertiría en una "tierra de visitación" para ángeles. Ni habría adivinado que por las siguientes nueve semanas las visitaciones se centrarían principalmente en torno a mi esposa. En este punto, tendrá que escuchar el resto de la historia de la misma Michal Ann:

"Escuché una canción espiritual en mi sueño que no podía descifrar. Me molestaba tanto que me desperté. El cantante en ese sueño cantaba: '¿Dónde está mi novia, oh mi Dios?' Medité en esas palabras una y otra vez hasta que finalmente me di cuenta que era Jesús quien cantaba la canción.

"Obtuve algo de claridad en algunos de los temas traídos por el Espíritu Santo en ese momento, pero era muy abrumador. No sabía qué hacer con la canción, y esto realmente me molestaba porque sentía que tenía mucho que ver con el regreso de Jesús para llamar a su Novia sin manchas, la Iglesia.

"El problema es que como una Novia no sabemos cómo debemos lucir, y tampoco sabemos realmente cómo luce nuestro Novio. Él viene, ¡y no sabemos íntimamente quién es! Sentí una profunda carga de buscar su rostro y *conocerlo* solo por amor a Él. En respuesta a mi búsqueda, el Señor envió visitantes angelicales a nuestra habitación noche tras noche por las siguientes nueve semanas, y cada vez que venían, anunciaban la Presencia de Dios. Esta gloria de Dios era de tal peso que casi no podía soportarla. Estaba muy asustada porque el temor del Señor era muy intenso.

"Una vez vi varias bolas de fuego atravesar literalmente la habitación y golpearme directamente en el pecho. Su impacto electrificó mi cuerpo y me hizo preguntar si iba a sobrevivir a la experiencia. Antes de la llegada de la Presencia cada noche, oraba seriamente para experimentar una vez más la plenitud de Dios. Mientras su gloria llenaba mi habitación, sentía el peso abrumador de su santidad y comenzaba a gritar: '¡Por favor Señor, no puedo más! ¡Pienso que voy a morir!'

"Finalmente el Señor me dijo: 'Ann, ¿quieres que venga o no?' Tomé varios días para meditar sobre esta pregunta porque estaba demasiado abrumada por la intensidad de su Presencia."

"Sentí una profunda carga de buscar su rostro y *conocerlo* solo por amor a Él. En respuesta a mi búsqueda, el Señor envió visitantes angelicales a nuestra habitación noche tras noche por las siguientes nueve semanas, y cada vez que venían, anunciaban la Presencia de Dios. Esta gloria de Dios era de tal peso que casi no podía soportarla."
Michal Ann Goll

"En su misericordia, el Señor me trajo a un lugar donde tuve que decidir qué era realmente lo más importante para mí. Él ya no estaba dispuesto a dejarme dudar de un día para otro y retroceder en mis excusas y temores. Tal vez esta era una forma de la prueba del 'Monte Moriah' y Dios quería ver si yo estaba dispuesta a trepar por mí misma al altar de Dios como un sacrificio vivo. Finalmente, el Señor me confrontó con una elección –no una elección entre la salvación o la condenación, porque ya fui perdonada y salva desde que era niña– sino una elección entre lo que ya había experimentado y lo que Dios anhelaba hacerme saber. El problema era que Él quería que vaciara mis manos antes de que Él las llenara con algo mayor. Me preguntó: 'Bien, ¿qué quieres?'

"Finalmente le respondí de la manera que siempre quiso que le respondiera. Dije: 'Bien Señor, si vivo, vivo; y si muero, muero. Pero realmente, realmente quiero que vengas'. Seres angelicales continuaron visitando regularmente nuestra habitación. Aún en ocasiones nos visitan. En cada caso, siempre hablan de las cosas que están más cerca y que son más queridas por el corazón de Dios. A veces somos llenos de éxtasis, y en otros momentos somos llenos de temor de Dios y una severa revelación de nuestra maldad comparada con su incomparable santidad y hermosura.

"Salí de estos tiempos de visitación con una carga de ayudar a hombres y mujeres a que estén preparados para su venida, su venida íntima y personal. Cada vez que escucho alguna de las canciones que cantamos con palabras y melodías increíbles acerca de la intimidad con Dios, tiemblo. Cuando cantamos 'Oh Señor, déjame sentir los besos de tu boca, déjame sentir tu cálido abrazo, sentir la ternura de tu toque...' estoy convencida experimentalmente de que ¡*no tenemos idea de cómo es su beso*!"

"Así como me tiraba hacia atrás cuando la manifiesta Presencia de Dios entraba a mi habitación con resultados inesperados, ¡nosotros como un cuerpo de creyentes a menudo retrocedemos cuando Él realmente responde nuestras oraciones cantadas y nos toca con su gloria y fuego! Retrocedemos y decimos '¡No! Vienes demasiado cerca'. Mientras tanto, Dios dice: '¿Te has dado cuenta que todas aquellas canciones que me has cantado giran en torno de mi amor? Vengo a ti y tú aún no sabes que soy Yo'."

Cambiado por su Presencia

Después que el período más intenso de estas visitaciones angelicales había pasado, caminé hacia nuestra cocina una noche, miré a Michal Ann, y dije:

– Ya no sé quién eres.

Ella me miró y contestó:

– Yo no sé en quién me he convertido.

Desde entonces he visto una nueva profundidad de puro poder y autoridad espiritual levantarse en la vida de Michal Ann. Dios impartió algo en ella que le permite ver más allá de las barreras del temor, y es capaz de ministrar seguridad, esperanza y destino, con autoridad. Aún las personas que nunca la han conocido reconocen que alguien o algo increíble la ha transformado totalmente en una poderosa mujer o ministro de Dios. Esto destaca uno de los roles más dinámicos de encuentros sobrenaturales en nuestras vidas.

Evangelismo de la Presencia

¿Qué tiene que ver el tema de "Restauremos la expectativa de lo sobrenatural" con el arte perdido de la intercesión y la gran cosecha? ¡Todo! Una vez más, quiero contar una experiencia sobrenatural que tuvo mi esposa, en la cual el Señor le manifestó *una de sus maneras* de ganar al perdido para Cristo. Ella me dijo acerca de unas series de sueños que tuvo concernientes al deseo del Señor de tocar al pueblo judío. Ella se vio parada al lado mío. Estábamos enfrentando tres hombres judíos muy altos, con negras barbas y pesado cabello. Sus brazos estaban cruzados, y miraban severamente a Michal Ann como diciendo en juicio: "¿Quién piensas que eres para que Dios te use a ti para traer el evangelio a los judíos?"

Michal Ann se recuerda mirando a esos hombres y diciendo: "Tienes absolutamente la razón. Yo no soy nadie. No hay una razón en el mundo por la que Dios debería elegirme a mí. Es solamente por la unción del Señor que podemos hacer algo". Luego comenzó a cambiar el rumbo de la conversación de los hombres hacia el Señor. Ella comenzó a gritar al Señor con palabras que Él le daba para que dijera: "¡Libera tu unción, Señor! Libera tu Presencia y tu Espíritu para que venga la revelación y las vendas caigan de sus ojos".

En este sueño un reflector resplandeció desde el cielo sobre Michal Ann. Inmediatamente los tres hombres críticos fueron golpeados por la luz. Instantáneamente levantaron sus manos hacia sus bocas y retrocedieron. Después comenzaron a declarar: "¡Veo!" El favor del Señor había sido liberado y un punto más decisivo había sido alcanzado. Los judíos que habían estado cerrados al evangelio antes de ver la luz, ahora estaban repentinamente abiertos para recibir la verdad sobre el Mesías.

Michal Ann me dijo que se sentía caminar por una senda de descubrimiento, no solo con el ministerio al pueblo judío, sino en todo el campo ministerial:

"Esto es casi como si fuera la historia de mi vida. Siento como que Dios me miraba desde el cielo y escogía la persona más desagradable, insegura, temerosa para el trabajo.

"Esto no depende de la persona. Depende de Dios y de su desbordante poder. Esta es la única manera que podemos hacer algo, ir a algún lugar o tener alguna unción. Cuando Jim y yo primero comenzamos a viajar juntos, él hablaba y después llamaba a las personas para el ministerio. Yo sentía pavor de ello, porque él siempre se volvía a mí y decía: 'Está bien Ann, tú empieza por ese lado y yo empezaré por aquí'.

> "En mi caso Dios hizo resplandecer su luz sobre mí
> y dijo: '¡Te elegí!' Él no preguntó mi opinión o
> la opinión de alguien más sobre el tema."
> –Michal Ann

"Acostumbraba a sentirme como un pato fuera del agua. No sabía qué hacer. Me sentía tan torpe que solo quería evaporarme en un pequeño charco e irme por debajo de la puerta, de modo que nadie notara que me había escabullido. Trataba de orar, y miré a Jim para ver lo que hacía, pero todo parecía simple. ¿Sabe qué? Dios no estaba preocupado del todo. No estaba preocupado de hacerme sentir incómoda o de ponerme el reflector sobre mí. Me concedió tiempo para estar segura en Él. Esto debería traer esperanza a toda persona, sin importar el género, raza o edad. No depende de nosotros, depende solo del Señor. Cuando usted ajusta su manera de operar para acomodar esta verdad, entonces puede hacer cosas, y Dios puede usarlo en cualquier manera que vea que es apropiada. Todo lo que usted tiene que hacer es estar disponible. En mi caso, Dios hizo resplandecer su luz sobre mí y dijo: '¡Te elegí!' Él no preguntó mi opinión o la opinión de alguien más sobre el tema."

Vi al Señor impartir a Michal Ann una gracia, favor, y unción sobrenatural para cumplir su mandato. De hecho, Él ha venido a ambos en formas que incluso no sabríamos cómo pedirle.

El propósito de lo sobrenatural

¿Por qué necesitamos restaurar la "expectativa de encuentros sobrenaturales"? Una razón se halla en Efesios 6:12 donde dice: "*Porque no tenemos lucha contra sangre y carne, sino contra principados, contra potestades, contra los gobernadores de las tinieblas de este siglo, contra huestes espirituales de maldad en las regiones celestes*". Cuando enfrenta a un adversario sobrenatural, usted *debe* vencerlo con medios sobrenaturales. Las armas ilusorias de la carne y del reino físico no significan nada para los seres espirituales, ya sea que sean santos o impíos.

La segunda razón es que en todo avivamiento verdadero en la historia humana, evidencias de señales y maravillas, confirman la Palabra que fue predicada. Estas "señales seguirán" fue una guía para el inconverso, al declarar que Dios está vivo y bien. Él aún está en el negocio de salvar almas y hacer milagros. *"Y ellos, saliendo, predicaron en todas partes, ayudándoles el Señor y confirmando la palabra con las señales que la seguían. Amén"* (MARCOS 16:20).

La tercera razón tiene que ver con la naturaleza de Dios, quien es Espíritu, y el propósito ordenado de los siervos más poderosos y misteriosos de Dios, los ángeles. Por definición, es imposible para nuestro Dios sobrenatural, quien es Espíritu, pararse en nuestro mundo relacionado con la muerte y dominado por la carne, separado de los medios sobrenaturales. Esta es la razón por la que teólogos liberales de todo el mundo trabajan tan duro para refutar y desechar toda referencia a lo sobrenatural en la Biblia. Ellos temen a la idea de que Dios es verdaderamente Dios y que interviene sobrenaturalmente en las cuestiones de los hombres y mujeres. ¡Un Dios como tal es totalmente incontrolable e incluso impredecible! Esto es totalmente inaceptable para los letrados profesionales de la religión, que nunca han encontrado personalmente al Dios sobrenatural.

Permítame trazarle brevemente las tres funciones principales y al menos catorce actividades de los ángeles involucrados en las cuestiones de Dios y el hombre:

Tres funciones principales de los ángeles

1. Ofrecen continuamente alabanza y adoración a Dios.

Alabadle, vosotros todos sus ángeles; alabadle, vosotros todos sus ejércitos (SALMO 148:2, ÉNFASIS MÍO).

Alaben el nombre de Jehová; porque él mando, y fueron creados (SALMO 148:5, ÉNFASIS MÍO).

2. Son enviados como "llamas de fuego" y "espíritus de Dios" para ministrar a la humanidad.

Ciertamente de los ángeles dice: El que hace a sus ángeles espíritus, y a sus ministros llama de fuego (HEBREOS 1:7).

¿No son todos espíritus ministradores, enviados para servicio a favor de los que serán herederos de la salvación? (HEBREOS 1:17).

3. Los ángeles fueron creados para sobresalir en fortaleza y obedecer la voz del precepto de Dios, para poder ejecutar la Palabra de Dios.

Bendecid a Jehová, vosotros sus ángeles, poderosos en fortaleza, que ejecutáis su palabra, obedeciendo a la voz de su precepto. Bendecid a Jehová, vosotros todos sus ejércitos, ministros suyos, que hacéis su voluntad (SALMO 103:20-21).

Tipos de actividades angelicales

1. Ministran la Presencia del Señor (ISAÍAS 63:9; APOCALIPSIS 18:1).

2. Son mensajeros enviados a pronunciar la voluntad de Dios (MATEO 1:20; 2:13, 19; 28:1-7; LUCAS 1:19, 26).

3. Liberan entendimiento en sueños y visiones (DANIEL 8:15-19; 9:23; APOCALIPSIS 1:1).

4. Ayudan a dar guía y dirección (HECHOS 8:26; 27:23-24, 29; GÉNESIS 24:7, 40).

5. Traen liberación (2 REYES 19:35; ISAÍAS 37:36).

6. Proveen protección (SALMO 34:7; 91:11-12; MATEO 18:10).

7. Están presentes en la muerte de los santos (SALMO 23:4; 116:15; LUCAS 16:22; JUDAS 9).

8. Liberan fortaleza (DANIEL 10:16-18; MATEO 4:11; LUCAS 22:43).

9. Son usados como instrumentos de sanidad en las manos de Dios (JUAN 5:4).

10. Ofrecen continuamente alabanza y adoración a Dios (GÉNESIS. 32:1-2; LUCAS 2:14; APOCALIPSIS 5:11-12).

11. Atan a los poderes demoníacos por mandato de Dios (DANIEL 10:13; APOCALIPSIS 12:7; 20:1-3).

12. Sirven como atalayas divinos (DANIEL 4:13, 17; HECHOS 12:20-23; 1 TIMOTEO 5:21).

13. Ayudan a recoger muchas de las cosechas de Dios (Mateo 13:39-42; 24:31; Apocalipsis 14:6, 14-19).

14. Ejecutan los juicios de Dios (Génesis 19:11; Éxodo 12:18-30, 2 Reyes 19:35; Hechos 12:20-23; Apocalipsis 16:17).

Nuestras interacciones con ángeles giran en torno a cinco premisas básicas:

1. **Somos colaboradores con Cristo** y, como tales, los recursos de Dios son liberados por la invitación del hombre de acuerdo con su voluntad. La intercesión libera la intervención angelical.

2. **Las oraciones que tienen respuesta influyen o ayudan a determinar el destino de los individuos y las naciones.**

3. **Hay un compañía innumerable de ángeles que esperan ser enviados** (ángeles desempleados, si así lo desea). *"Como no puede ser contado el ejército del cielo, ni la arena del mar se puede medir"* (Jeremías 33:22a).

4. **Los ángeles están involucrados virtualmente en todas las cuestiones prácticas de todos los días de los hombres.** Están involucrados virtualmente en cada faceta de la vida diaria y en las actividades normales de la humanidad.

5. **Los ángeles a menudo son usados por Dios para entregar o ejecutar sus respuestas a nuestras oraciones.**

Intervención angelical a través de la intercesión

Muchos ejemplos de intervención angelical se destacan en la Biblia. Abraham intercedió por Sodoma y Gomorra y refrenó el juicio, hasta que la familia de Lot pudo ser salva por los agentes angelicales (Génesis 19:1-29). Daniel persistió en intercesión hasta que el mismo ángel Gabriel, llegó tras batallar con el príncipe de Persia en favor de Daniel y del pueblo judío (Daniel 10:12-21). El registro del Nuevo Testamento también nos dice acerca de las tres diferentes instancias donde la oración y la intervención sobrenatural de los ángeles condujeron a la liberación de los discípulos de la Iglesia primitiva de la prisión. Pedro, el apóstol, fue escoltado personalmente de una inexpugnable prisión por un ángel enviado en respuesta a las oraciones de un mismo corazón, de los santos en Jerusalén en Hechos 12:7-10.

Así que Pedro estaba custodiado en la cárcel; pero la iglesia hacía sin cesar oración a Dios por él. Y cuando Herodes le iba a sacar, aquella misma noche estaba Pedro durmiendo entre dos soldados, sujeto con dos cadenas, y los guardas delante de la puerta custodiaban la cárcel. Y he aquí que se presentó un ángel del Señor, y una luz resplandeció en la cárcel; y tocando a Pedro en el costado, le despertó, diciendo: Levántate pronto. Y las cadenas se le cayeron de las manos (HECHOS 12:5-7).*

En este ejemplo fue la *oración* la que liberó a Pedro de los planes asesinos de Herodes (HECHOS 12:5). Las fervientes oraciones unificadas de los ciento veinte creyentes que esperaban por la venida del Espíritu Santo casi un año antes, habían hecho que el lugar fuera lleno con viento y fuego en Hechos 2:2-6. Luego, comenzando en Hechos 16:26, la alabanza y adoración sacrificial de Pablo y Silas ofrecidas en la prisión de Filipos, ¡ocasionaron un violento terremoto y la liberación angelical de ellos!

Ya he descrito la visión recibida por Eval Ruffy, el pastor de Moravia de la Republica Checa, quien vio ángeles yendo y viniendo entre el cielo y la Tierra, en respuesta a la oración de los santos. También he examinado las experiencias de mi familia con visitantes angelicales durante la noche. Usted probablemente piense que estas historias son bastantes emocionantes, pero que puede eximirse automáticamente de dichas "experiencias especiales". ¡No es así!

Estamos prontos a movernos a otra fase en el poderoso mover de Dios sobre la Tierra. Hemos experimentado un "Segundo Pentecostés", caracterizado por el nuevo vino de gozo y refrigerio que se deslizó rápidamente a través de las iglesias del mundo. Luego el Señor aceleró el paso y encendió el fuego de arrepentimiento, limpieza y santidad, cuando repentinamente descendió en el servicio del Día del Padre en la Asamblea de Dios Brounsville, en Pensacola, Florida, EE.UU. Ahora estamos entrando a un tercer nivel caracterizado por *poder.*

"Restauraré el Pentecostés"

En esta tercera ola, el Espíritu Santo utilizará el don de hacer milagros por todo el Cuerpo de Cristo. El Señor me dijo antes de que todo esto comience: "Yo restauraré el Pentecostés". El advenimiento del Espíritu Santo en Pentecostés fue marcado por tres señales: la venida del viento del Espíritu; el fuego de la santidad y fuerza de Dios morando en los creyentes y el efecto embriagador del vino del Espíritu sobre la humanidad.

> **Hemos festejado con el vino del Espíritu y hemos sido refrescados con risa, gozo y renuevo. Nos hemos postrado sobre nuestras rodillas en humildad y arrepentimiento bajo la presencia ardiente de nuestro celoso Dios, el justo Rey de gloria. Hemos sido levantados en su gracia como justos, santos y puros ante sus ojos. Ahora vamos a experimentar el *viento de Dios*, ¡caracterizado por los poderosos dones y encuentros sobrenaturales, e intervención angelical!**

La primera fase de aparición de Dios cayó en Toronto en 1994. Paul Cain lo describió así: "Dios estaba sirviendo el aperitivo". El Espíritu de Dios cayó en Pensacola en 1995 con fuego santo, el cual restauró el temor del Señor –y el correspondiente entendimiento de su inmensurable gracia– en la Iglesia. Ahora vamos a ir más profundo. En septiembre de 1996, en el Día de Expiación, el Espíritu Santo me susurró estas palabras: "Dile a mi pueblo que no trate a este mover actual de refrigerio como un capricho de los estadounidenses. Diles que deben permanecer con esto hasta que llegue a su cumbre, hasta que venga la próxima ola".

Creo que hemos experimentado una "experiencia de Pentecostés" marcada por las mismas tres señales vistas en el libro de Hechos, pero en un orden invertido. Hemos festejado con el vino del Espíritu y hemos sido refrescados con risa, gozo y renuevo. Nos hemos postrado sobre nuestras rodillas en humildad y arrepentimiento bajo la presencia ardiente de nuestro celoso Dios, el justo Rey de gloria. Hemos sido levantados en su gracia como justos, santos y puros ante sus ojos. ¡Ahora vamos a experimentar el *viento de Dios*, caracterizado por los poderosos dones y encuentros sobrenaturales, e intervención angelical!

Creo que tenemos que orar por encuentros sobrenaturales de mayor escala. Algunos ya ven increíbles intervenciones divinas en el campo misionero, en respuesta a la oración. En su artículo "Praying Down Miracles" ("Orando por milagros"), Bruce Steinbaum escribió:

"Los investigadores afirman que el ochenta por ciento de los nuevos cristianos en el sur de Asia vienen a Cristo como resultado directo de alguna clase de encuentro sobrenatural. Los plantadores de Iglesias entre el pueblo Gamit de Gujarat, India, dicen que los miembros ascendieron de cero a seiscientos mil en diez años, como resultado de cientos de sanidades milagrosas".[2]

El Sr. Steinbaum también registro en el mismo artículo, que en Arabia Saudita se pidió a algunas enfermeras cristianas que oren por una niña de trece años que estaba muriendo de leucemia. De acuerdo a fuentes familiares con su historia, la niña fue visitada por el Señor Jesús una noche, aunque ella no sabía nada acerca de Jesús. Al día siguiente, le anunció a sus asombrados padres que había encontrado a su Sanador, y toda la familia ahora sigue a Cristo.

Necesitamos orar por encuentros sobrenaturales para pacientes con cáncer como esta pequeña niña. Orar para que Dios visite a aquellos que mueren de enfermedades terminales, para que los sane. Orar para que familias y aldeas enteras sigan a Cristo por causa de los testimonios de visitaciones divinas desde lo alto. Él también escribe: "¡El evangelio incluso ha penetrado las ciudades más santas del Islam! En 1993 varios creyentes sauditas condujeron una marcha de oración alrededor de la periferia de la Meca, el sitio de Haji o peregrinaje anual. Pedían a Dios que establezca una iglesia en la ciudad y que se revelara a los dos millones de peregrinos, buscadores de la verdad, quienes visitan la ciudad cada año para rendir homenaje a Alá en la capilla de Ka'bah.

De acuerdo a por lo menos dos fuentes, Jesús hizo una aparición especial en el Haji de 1994: declaró a un grupo de moslens nigerianos que verdaderamente Él era Aquel que ellos buscaban.

Algunos kurdos han venido oficialmente a Cristo como resultado de la oración intercesora, y de sueños y visiones sobrenaturales. Los kurdos viven en un área que algunas personas llaman Kurdistan, situada al norte de Irak. Uno de estos nuevos cristianos se convirtió hace unos pocos años en el Kurdistan Turco. Ateo confeso y editor de una influyente revista marxista, este hombre fue arrestado en 1981. Un cristiano que le dio un Nuevo Testamento oró para que Jesús se le revelara en una serie de sueños. En su próximo encuentro, el hombre se convirtió en cristiano y anuncio que Jesús es Aquel que limpia de pecados.

En Túnez, como en otras partes del mundo árabe, Dios emplea sueños, visiones y sanidades milagrosas para atraer a sí a los buscadores de la verdad. Un dramático ejemplo de este fenómeno involucró a un grupo de sufi moslens en el norte de África, quienes cantaban y danzaban delante de Alá con esperanzas de que pudiera revelárseles. Ellos dicen que Jesús apareció y declaró que Él es el Dios verdadero.

De acuerdo a misioneros en la región, muchas otras personas que viven en las zonas aisladas del desierto del Sahara, han reportado visiones similares del Señor, y solicitan Escrituras para poder aprender más acerca de Cristo.

En Egipto, un oficial militar de Muslem dijo que fue visitado por Jesucristo en un sueño. Apenas despertó, buscó inmediatamente a cristianos en su unidad para ver si ellos podían proveerle una copia de la Palabra de Dios. Encontró solo a un creyente en su cuerpo de oficiales, y tranquilamente preguntó si podía tomar prestada la Biblia del hombre. De manera similar al ministerio poco dispuesto de Ananías ante Saulo de Tarso, el cristiano cautelosamente estuvo de acuerdo. Y después de varios días de estudiar larga y detenidamente los Evangelios, el oficial se convirtió en un discípulo de Jesús. De acuerdo a los informes de El Cairo, este hombre se ha convertido en un desenvuelto testigo.

Un equipo de cristianos informo que un moslem pakistaní recientemente tuvo un sueño en el cual una Biblia descendía del cielo. Mientras contemplaba el libro con asombro, el hombre dijo que escuchó la voz de Jesús que declaraba: "Esta es mi Palabra, obedécela". Informes similares de sueños y visiones son comunes dentro de Pakistán.

En Cuba una visitación divina de sanidad descendió sobre una pequeña ciudad, aproximadamente a sesenta kilómetros en las afuera de La Habana. Todos los que ingresaban a la iglesia de allí fueron sanados. A medida que las noticias sobre esto se difundían, personas de todas las otras ciudades comenzaban a llegar. Ellos también fueron sanados. Finalmente personas de toda la isla llegaron y fueron sanadas. Esto continuó por seis semanas. Diez mil fueron salvos. Muchas iglesias fueron plantadas y el interés en el evangelio creció por toda la nación, porque todos escucharon las noticias. Fue tan poderoso que incluso el gobierno comunista no pudo desmentir estos eventos. La mayoría de estas sanidades eran con imposición de manos, en una Iglesia Metodista.[3]

Recuerde: ¡lo que sube debe bajar!

Permítame hacerle la pregunta que Dios me hizo en la República Checa en enero de 1993: "¿Ha considerado alguna vez la dimensión multidireccional de la oración?" La única manera en que las almas son salvas, los enfermos son sanados, los demonios son echados, las iglesias son establecidas y los explosivos dones sobrenaturales de Dios son desencadenados, es por personas que oran. Dios una vez más trae este simple pero vital componente al verdadero avivamiento.

Si queremos restaurar la expectativa de lo sobrenatural, entonces debemos primero restaurar la labor del amor a través de ¡la ferviente oración sobre nuestras rodillas! No fue accidente que los creyentes de Moravia disfrutaran tal efectividad en su obra misionera; ellos vivieron por un lema que nosotros necesitamos adoptar como propio en la Iglesia:

"Nadie trabaja a menos que alguien ore".

Los encuentros sobrenaturales son comunes entre las personas de oración, y mitos entre los que no oran. Es tiempo que la nación redimida de reyes y sacerdotes se ponga sus túnicas de lino y entre en el Lugar Santísimo para ofrecer oraciones, peticiones e intercesión por todos los hombres. Es tiempo de desencadenar el poder del Dios Todopoderoso sobre la Tierra a través de la oración desencadenada hacia el cielo.

Desde los ojos de un niño

Permítame concluir este capítulo contándole otra historia centrada en nuestro hijo mayor, Justin, cuando solo tenía siete años. En febrero de 1991 yo estaba en Atlanta, Georgia, EE.UU., en una misión intercesora de oración concerniente a la que más tarde sería llamada la Guerra del Golfo. Meses antes de que el conflicto estallara, el Señor me habló para que sea un hombre de oración durante todo el mes de febrero. De modo que acomodé mis planes para tener tiempo para estar delante del Señor. Mientras estuve fuera, Justin tuvo un encuentro de dimensiones sobrenaturales.

Estaba despierto acostado en su cama tarde una noche, cuando con sus ojos vio nubes que envolvían su habitación. Un trono brillante apareció para establecerse en medio de las nubes, y algunas cosas como criaturas con alas, llenas de algo que parecían escamas de pescado, rodeaban el trono. Cada uno de ellos tenía diferentes rostros y Justin, de 7 años de edad, dijo que uno tenía el rostro de un águila, otro como el de un toro, un tercero como el de un león y el cuarto tenía el rostro de un hombre.

Una escalera descendió en su habitación y ángeles bajaban por ella: llevaban fuego en sus manos. En una sola fila descendían de a uno por vez, se paraban en la habitación y luego subían de regreso por la escalera, solo para que otro fuera liberado para hacer lo mismo. El último ángel que vino llevaba un pedazo de papel en su mano, y lo dejó sobre el aparador de Justin. Este ángel subió la escalera; la escalera ascendió a las nubes; las nubes envolvieron el trono; luego todo pareció desvanecerse ante el ojo natural.

Solo una cosa quedó: un pedazo de papel angelical era aún visible sobre el aparador de Justin, con unas pocas palabras impresas en él. Justin debe haber lucido perplejo cuando leyó la nota. ¿Adivine que decía?: "Ora por tu papá". Asombroso, ¿no? ¡Dios incluso quiere que los niños esperen resultados sobrenaturales cuando oran!

Espere grandes cosas de Dios

La oración libera el arsenal del cielo para que venga en ayuda del hombre. ¿Por qué no esperar que un Dios sobrenatural –quien no ha cambiado– se mueva de maneras extraordinarias? Quien sabe, tal vez cuando el Todopoderoso recibe el incienso de sus oraciones, ¡toda una compañía de ángeles sea enviada en respuesta a su visitación y declare la voluntad de Dios! ¿Por qué no esperar grandes cosas de parte de Dios en respuesta a sus oraciones?

Notas

1. Esta oración, es un *relato ficticio* de lo que Zacarías, el sacerdote podría haber dicho, ya que de acuerdo a Lucas 1:13 sabemos que había hecho una petición personal al Señor. Parece que Zacarías quería hacer la petición desde el lugar más ventajoso en el momento más apropiado. ¿Qué mejor momento bajo el Antiguo Pacto que con la ofrenda final de incienso delante del velo que resguardaba el arca del Señor, y al alcance del oído de la continua intercesión de parte de la congregación del Señor?

2. Bruce Steinbaum, "Praying Down Miracles" ("Orando por milagros"), un artículo incluido en el libro de entrenamiento *Fire on the Altar (Fuego en el altar)*, compilado y publicado por Jim Goll, del Ministerio a las Naciones, Nashville, Tennesse, 1995.

3. Steinbaum, "Praying Down" ("Orando")

Restauremos el Ministerio del Equipo Apostólico

(M.E.A.)

"Es tiempo que el 'Equipo A' Venga!"

"Es tiempo para el M.E.A.".

"Será un cristianismo apostólico, auténtico, desamparado."

"Será telescópico –con profetas que miran en el telescopio del tiempo, y evangelistas que declaran las buenas nuevas. Y será microscópico con pastores y administradores que cuidan la casa."

Esta palabra vino a mí en un sueño en el verano de 1996. Yo sabía que esta promesa era que estos tres ministerios –apostólico, telescópico y microscópico– cooperarían juntos y no competirían. En mi corazón, pensé, "¡Ahora esto será un sueño!"

Mientras despertaba de ese sueño vi la visión de un hombre que usaba una tarjeta CA (Cajero Automático) en una máquina bancaria, y efectuaba un retiro de fondos. Tal vez el Señor decía que el Ministerio del Equipo Apostólico será usado para liberar grandes provisiones desde el depósito del Señor para el ministerio de los últimos días. Una cosa es segura en este escrito: nuevos equipos y nuevos sueños emergen cada día. Es tiempo que lo profético madure y que el ministerio apostólico verdadero, auténtico y humilde, emerja.

Mientras estuve en Austria y ministraba en una Escuela Profética en agosto de 1996, el Espíritu Santo me despertó en la noche y escuché su voz audible que me decía:

"Por los próximos treinta y ocho meses y medio, iluminaré una ciudad por mes con mi continua Presencia, como Toronto y Pensacola".

Yo sabía en mi espíritu que esta palabra del Señor era global en alcance, y que estas ciudades estarían distribuidas por todo el mundo. También sabía que algunas de estas ciudades serían lugares inusuales, y que algunas de estas efusiones no serían publicitadas ampliamente. Los nombres de un número de las ciudades más desconocidas en países extranjeros vinieron a mi mente al mismo tiempo.

Cuando consideré con especial cuidado las palabras que había escuchado, me di cuenta que el período de tiempo dado en la palabra, terminaría en algún lugar del Día de Expiación en 1999. No anuncio la segunda venida de Cristo, la marca de la bestia o algo así. Simplemente retransmito un poderoso encuentro para poner su fe en acción. Tal vez ciudades llenas con fuego espiritual son parte de la estrategia de Dios para la cosecha.

El poder de la oración continua

¡Creo que todo lo que hemos experimentado hasta ahora no es sino un anticipo de lo que Dios trae a la Iglesia! Hasta este momento hemos atestiguado los históricos eventos mundiales de oración que revelaron el gran poder de la unidad en la oración a Dios. Sin embargo, lo que Dios reveló a nuestro pequeño grupo de intercesores en el atalaya de Moravia en febrero de 1993, es que Él está levantando una *unidad continua, una oración continua y una intercesión continua* en un modelo y estilo simple que levantó hace años en Herrnhut.

La pregunta es obvia: si trescientas personas condujeron una oración continua hecha de a dos o tres por más de un siglo y trastornaron el mundo hace doscientos años, ¿qué pueden lograr *millares* de intercesores ungidos a través de la oración continua en la Presencia de Dios?

Desafortunadamente, la iglesia ha rengueado con los ojos vendados y con muletas cuando ¡debería correr a la batalla! La mayoría de las congregaciones en el mundo cristiano han malgastado su potencial, han vivido bajo la ilusión de que los dos dones vitales de liderazgo listados en Efesios 4 –el de apóstol y el de profeta– de algún modo han "fallecido" en algún lugar entre la conclusión del libro de Hechos y nuestros días.

Los maestros y los pastores talentosos nos han mantenido bien alimentados y contentos para aprender y dejarnos a menudo, con una pequeña responsabilidad de aplicar nuestro siempre creciente caudal de conocimiento. Los pastores sabios presentaban a los evangelistas tan a menudo como les era posible, y les daban órdenes para consolar al afligido y afligir al cómodo, pero el primer amor de un evangelista es estar sobre un escenario y pronunciar discursos en algún lugar, rodeado por mares de rostros *inconversos*.

Sin la fuerza, fundamento y liderazgo visionario del ministerio apostólico, nuestras iglesias han vivido en un estado perpetuo de debilidad en inseguridad. Privada de la intuición profética y del sentido de dirección espiritual dado por Dios y la corrección hallada en el profeta, la iglesia ha tropezado de una meta de corto plazo a otra, nunca tenía o percibía realmente la voluntad de Dios para el Cuerpo corporativo. Recuerde, donde no hay visión, el pueblo perece (VER PROVERBIOS 29:18).

La condición de la Iglesia

Como resultado, la iglesia se ha asemejado a una persona cuya dieta esté limitada exclusivamente a comidas pesadas basadas en almidón o ricas en grasas y dulces. La iglesia se ha inflado al festejar exclusivamente con los frutos de los "árboles del pastor" y de los "árboles del maestro", con suficiente especias de extrañas ayudas de los "árboles del evangelista" para provocar acedía ocasional. En otras palabras, nuestra ignorancia ha privado a nuestro Cuerpo corporativo de dos de las cinco "Raciones diarias ordenadas por Dios", de nutrientes espirituales necesarios para producir una Novia saludable, productiva, completamente equipada y sin manchas. Estamos débiles y desnutridos por causa de un desequilibrio no saludable en nuestra dieta espiritual.

Dios ha examinado al Cuerpo mundial de Cristo de la actualidad y particularmente a la iglesia de los Estados Unidos de Norte América, y la encontró defectuosa tanto como las iglesias en el libro de Apocalipsis.

Está inflada con mucho sueño e inactividad, y no le agrada el ejercicio o "la obra del ministerio" en sus diversas formas. Sus miembros tienen grabada una cinta de evitar todo lo que requiere tiempo, esfuerzo o responsabilidad personal de *hacer* lo que Dios ordena en su Palabra.

> La iglesia se ha inflado al festejar exclusivamente con los frutos de los "árboles del pastor" y de los "árboles del maestro", con suficiente especia de extrañas ayudas de los "árboles del evangelista" para provocar acedía ocasional.

"En diez años"

En abril de 1984 mi amigo y predicador, Mike Bikle, escuchó la voz del Señor decir algo como esto: "Voy a comenzar una nueva obra en la Tierra en diez años". Dios lo comisionó para que hiciera un llamado a la oración intercesora en una manera continua durante la próxima década y más allá de ella.

Esta no fue exactamente la clase de palabra que él quería escuchar, porque recién había planeado una nueva obra. Era un pastor enérgico en sus largos veinte. Realmente no quería esperar diez años para un mayor mover de Dios y pasar gran parte del tiempo en una habitación simplemente para recordar a Dios su Palabra, pero no tenía elección. Dios también le dijo a Mike que habló a un señor profético llamado Bob Jones, e instruyó a Mike para que lo contactase. Cuando se encontraron y compararon las notas, descubrieron que

¡Dios había hablado cosas complementarias a ambos hombres al mismo tiempo, en dos lugares distantes! Sus revelaciones se convirtieron en dos pedazos de un rompecabezas que encajaban perfectamente.

El Señor dio a Bob una revelación en ese momento acerca del relato bíblico de la permanencia de José en la prisión del Faraón. Dijo a Bob que era una parábola de lo que iba a suceder durante la próxima década. Desde que la Palabra de Dios declara: *"Porque no hará nada Jehová el Señor, sin que revele su secreto a sus siervos los profetas"* (Amós 3:7), es apropiado que resuma la profecía de Bob Jones liberada a mediados de 1984. Cuando José fue erróneamente enviado a la prisión de Faraón por rehusar los avances de la esposa de Potifar, compartió su encierro con el copero y el panadero del Faraón, quienes habían sido enviados a la cárcel por ofenderlo. Cada uno de los hombres tuvo un sueño y José interpretó exactamente sus sueños, y predijo lo que ocurriría en los siguientes tres días.

El copero fue restaurado al buen favor del Faraón con todos los derechos y privilegios de su posición de servicio. Fue liberado para servir en la presencia del rey. El panadero, sin embargo, fue colgado para que todos lo vean, y decapitado. Los pájaros del aire comieron de su carne debido a que él había servido su pan con hipocresía. En otras palabras, dijo una cosa e hizo otra. Usted puede dejar de avergonzarse ahora.

Bob Jones decía que el Señor iba a tratar con los panaderos hipócritas en el Reino, así como también con los ministerios de enseñanza o "mesa" en su casa. Iba a tratar con su casa en una manera severa para limpiar la levadura de hipocresía de nuestros ministerios de enseñanza. A fines de estos diez años después de los tratos del Señor, nuevos pequeños siervos desconocidos, coperos del rey, serían liberados para servir en la mesa del Señor y serían dados a la terrible responsabilidad de servir el vino nuevo y el pan de vida en la presencia del Rey. Creo que esta palabra va mas allá de un simple periodo de diez años. Describe la obra de limpieza continua y progresiva del Espíritu Santo en nuestros días y en la historia pasada de la Iglesia.

Un cumplimiento dramático

No mucho después de que esta profecía fuera liberada, algo dramático ocurrió que sacudió a toda la comunidad eclesiástica e indignó a inconversos en todo el mundo. Jim y Tammy Bakker fueron acusados formalmente por fraude. Muchas otras actividades ofensivas también fueron expuestas públicamente en sus extensos ministerios en Fort Mills, al Sur de Carolina, EE.UU. Las mayores y más dañinas exposiciones se referían a la hipocresía evidente que involucraba dinero, actividades sexuales y estilos de vida extravagantes que traían vergüenza al ministerio y al mundo cristiano. Solamente menciono estas cosas para instrucción y verificación de la profecía de Bob Jones, no para señalar o ser critico de nadie. Dios sabe, cada uno de nosotros necesitamos de su misericordia.

La exposición y castigo público de los Bakkers se convirtió en símbolo de la obra de limpieza que Dios hacía en toda la Iglesia. Ahora, diez años han pasado, y esta limpieza aún continúa. Pero algo nuevo entró a escena a principios de 1994, cuando Dios derramó su Espíritu sobre una pequeña iglesia al final del camino al aeropuerto de Toronto, Canadá, y muchos otros lugares. Un vino nuevo era derramado mientras el Señor comenzaba a liberar a sus pequeños siervos para servir el vino nuevo y el pan de vida en la presencia del Rey, una vez más.

> Una de las primeras señales de que una gran cosecha
> viene y que ha venido sobre nosotros, es que los pródigos
> vienen a casa desde todas partes.

Otra señal vino exactamente a fines del período de diez años profetizado por tantas vasijas de Dios: Jimmy Bakker fue liberado de prisión. Esto, en sí mismo, fue una proclama profética de que el Señor se propone restaurar a los reincidentes al "estanque de su propósito". Durante este mismo período de tiempo, el Espíritu Santo me dio una revelación. Una tarde veía a nuestros hijos jugar con el columpio en nuestro patio. Rápidamente vi una visión abierta superpuesta sobre la escena natural. Con esta dimensión extra de la vista activada por el espíritu, vi un hombre adulto que se deslizaba por nuestro trampolín; estaba de espalda, de cabeza. En esta visión el hombre se deslizó al interior de una pileta redonda en la base del trampolín de niño. Yo elevé prontamente una pregunta: "¿Qué significa esto?"

Inmediatamente una respuesta vino a mi interior: "Restauraré al hombre reincidente al estanque de mi propósito". Una de las primeras señales de que una gran cosecha viene y que ha venido sobre nosotros, es que los pródigos vienen a casa desde todas partes. Me regocijé de ver a Jim Bakker, un hombre humilde restaurado entre un pueblo de restauración, proclamando una vez más la misericordia y la gracia de Jesucristo. Permitamos que los pródigos regresen.

En los años 80 Paul Cain profetizó acerca de la venida de un gran avivamiento, todavía por venir: "Y los estadios serán llenos; una generación sin rostro –pequeños siervos– vendrá. Jesús será magnificado cuando los estadios sean llenos, así como cuando las sanidades, milagros y los muertos sean levantados". Esto habla de un avivamiento y una cosecha rápida, y de gran escala que solo puede ser descrita como un gran despertar en nuestra Tierra. En esos años implicaba mucha valentía liberar una profecía como esta. Hoy es más fácil, porque vemos personas ponerse en fila a las 04:00 solo para asistir a los servicios de avivamiento de la noche en varios lugares y continentes de todo el mundo. Pero una ola de la Presencia de Dios está por llegar.

Cuando Dios desencadenó su Espíritu en enero de 1994, fue como que un "corcho" saltó de una botella. Vino nuevo comenzó a derramarse sobre todo el pueblo de Dios. Yo ministraba con mi colaborador de intercesión, David Fitzpatrick, en una conferencia en Indianápolis, India, en septiembre, el día después del Día de Expiación ese mismo año, cuando Dios comenzó a hablarme. Lo que escuché allí se relaciona estrechamente con los eventos que sucedieron durante este período de limpieza de diez años.

"Es tiempo de comenzar"

Estaba dormido y solo en una habitación totalmente a oscuras, cuando fui despertado por la voz audible del Señor. Fue una inusual experiencia. Parecía como que un ángel había hecho sonar una trompeta que resonó en la habitación y me despertó. Me senté inmediatamente en la cama y sentí lo que solo puedo describir como "la presencia de destino" en mi habitación. Un gran ángel ahora estaba parado en la punta de mi cama. El reloj digital marcaba las 02:02. Me senté en la cama inmerso en la tangible presencia de destino por los siguientes treinta minutos. Pero había sido despertado al escuchar estas palabras: "Es tiempo de comenzar".

El ángel era lo que usted podría considerar como un "ángel típico", vestido de blanco, con alas, y yo podía ver manos debajo de las alas. La mano debajo de un ala emergió: sostenía una taza verde llena con aceite fresco.

Pensé que era maravilloso porque instantáneamente vino a mi mente el Salmo 92:10, que dice: *"Pero tú aumentarás mis fuerzas como las del búfalo; seré ungido con aceite fresco"*. El Señor dispensa aceite fresco en nuestros días. Si usted está cansado y en necesidad, pídale que derrame algo de su aceite ungido sobre usted justo ahora. Solo exprese su hambre, deseo y necesidad al declarar: "¡Sobre este lugar, Señor! Justo ahora. Acuérdate de mí".

Mientras observaba al ángel que sostenía la taza verde llena con aceite, él repentinamente hizo "shhhhoooo" y dejó la habitación. Luego noté en la esquina de la habitación que estaba apoyada una botella. Lo extraño era la etiqueta en la botella que decía: "Aceite Crisco". Mi mente realmente funcionaba en ese momento, y aunque no dije nada en voz alta, pensaba: "Oh Dios, ¿por qué siempre haces esto? ¿Por qué lo profético siempre tiene que tener este lado parabólico?

Repentinamente "vi la luz" y dije a mí mismo: "Oh, ahora veo: Jesucristo, los **Cristos**, el Ungido. Dios decía que la unción representada por el aceite no era dada solo a un hombre, era la compañía de **Cristos**, la "CrisCo"(Cris... Compañia). Dios liberaba su aceite para que toda una compañía de personas venga en su poder y gloria.

Es tiempo de que se levante un reino de mayordomos fieles. Es tiempo de que las tazas de aceite sostenidas en las vasijas verdes, símbolo de la tribu sacerdotal de los levitas –que representan a su pueblo intercesor, a su pueblo de alabanza, el pueblo de su brillante Presencia– se levanten y vengan conquistando y para conquistar.

Continué mirando con cuidado la botella verde de aceite que era aproximadamente de 30 a 45 centímetros de alto, y a las veintenas de ángeles que comenzaron a volar hacia destinos desconocidos. Algunos llevaban tazas del aceite de la unción, otros llevaban botellas de vino nuevo, y todos ellos hacían los mismos sonidos, "shhhooo, shhhhoooo", antes de partir. Esta visitación duró aproximadamente media hora.

La experiencia me ha enseñado a no pasar por alto ningún detalle de una visión, incluso a observar puntos menores y aparentemente sin trascendencia. Pregunté al Señor: "¿A qué se refiere este 202?" Era la hora, 02:02, en el frente del reloj digital cuando comenzó la visión. Él trajo a mi mente el Cantar de los Cantares de Salomón y el libro de Apocalipsis. Encendí la luz y abrí mi Biblia para leer: *"Como el lirio entre los espinos, así es mi amiga"* (CANTARES 2:2) y el pasaje en Apocalipsis 2:2 donde se alaba a la Iglesia de Éfeso por sus hechos, por sus preocupaciones y perseverancia, y por sus pruebas para detectar a los falsos profetas.

Esto me recuerda el penoso período de diez años que muchos creyentes habían soportado en una "tierra seca". Él finalmente había producido la cura para el aburrimiento espiritual que se había establecido en la Iglesia. Nos llamaba de regreso a su mesa de banquete real, y traía sus mayordomos, sus pequeños siervos, tazas desbordantes con el aceite de la alegría y la unción, botellas sacerdotales de vino nuevo y el gozo y el refrigerio del Señor.

Recibamos la valoración de Dios

Mientras muchos creyentes –me incluyo– sentimos a veces que solamente estamos "agarrados de nuestras uñas", el Señor tiene una perspectiva diferente. Él es bien consciente de las condiciones desérticas que soportamos, pero dice a aquellos que han persistido y continuado: "Te bendigo por tu piadosa perseverancia. Declaro sobre ti que eres mi lirio entre los espinos. Eres mi querida, mi novia". Ahora libera botellas frescas de vino y la fresca unción de su gran Presencia sobre nosotros.

> Los dones de Dios que operan separados del carácter de Dios, son una prescripción de catástrofe. Dios, sin embargo, se encarga de ello a través de los períodos de limpieza y poda. Ahora nosotros somos frescamente llamados de regreso al servicio, esperanzadamente más sabios, más humildes y más puros de lo que éramos antes de nuestra aflicción.

Estas cuatro pequeñas palabras que recibí de una voz audible ese día simplemente declaraban: "Es tiempo de comenzar". Después de haber meditado estas palabras por varios meses, comencé a ver que Dios, de alguna manera, nos había puesto en una "pausa" porque, como Iglesia, nuestra profundidad de carácter simplemente no concordaba con nuestro nivel. Los dones de Dios que operan separados del carácter de Dios, son una prescripción de catástrofe. Dios, sin embargo, se encarga de ello a través de los períodos de limpieza y poda. Ahora nosotros somos frescamente llamados de regreso al servicio, esperanzadamente más sabios, más humildes y más puros de lo que éramos antes de nuestra aflicción.

Después de ese momento recibí un sueño en el cual vi a un pintor como Miguel Ángel que pintaba el brazo del Señor que descendía de las nubes. Luego vi la mano y el brazo de un hombre que se elevaba desde la Tierra; las dos estaban próximas a tocarse. Noté un "bastón" en la mano del Señor a medida que su brazo se extendía hacia la Tierra desde el cielo. Me di cuenta que el Señor colocaba ese bastón en la mano del hombre a medida que este extendía su brazo hacia el cielo. El bastón representaba cuatro "patrones centrales" dados a Mike Bickle en una revelación profética separada, y también a muchos otros. Estos cuatro patrones centrales eran:

1. La oración diurna y nocturna.
2. Dádiva extravagante.
3. Santidad de corazón.
4. Fe inquebrantable —o prevaleciente—.

Este sueño ilustraba el anhelo de Dios de confiar una vez más en las manos de su pueblo, hilos de pureza y devoción, evangelismo y misericordia. Ahora estas promesas nunca han sido prometidas o liberadas solo a un cuerpo, a una ciudad, a una denominación o incluso a una "corriente" en el Cuerpo de Cristo. Son principios o promesas fundamentales y declaraciones proféticas del corazón de Dios para toda la Iglesia, el Cuerpo de Cristo. Dios nos declaraba después de una larga sequía: "Yo restauraré la oración diurna y nocturna. Restauraré la dádiva extravagante. Restauraré a un pueblo puro y sano de corazón. Y restauraré la fe inquebrantable entre mi pueblo".

El brazo del Señor

Comencé a buscar Escrituras referidas al "brazo del Señor" y descubrí algunos pasajes claves:

... acuérdate bien de lo que hizo Jehová tu Dios con Faraón y con todo Egipto; de las grandes pruebas que vieron tus ojos, y de las señales y milagros, y de la mano poderosa y el brazo extendido con que Jehová tu Dios te sacó (DEUTE-RONOMIO 7:18-19A).

Y ellos son tu pueblo y tu heredad, que sacaste con tu gran poder y con tu brazo extendido (DEUTERONOMIO 9:29).

Y comprended hoy, porque no hablo con vuestros hijos que no han sabido ni visto el castigo de Jehová vuestro Dios, su grandeza, su mano poderosa, y su brazo extendido, y sus señales, y sus obras que hizo en medio de Egipto a Faraón rey de Egipto, y a toda su tierra (DEUTERONOMIO 11:2-3).

Y Jehová nos sacó de Egipto con mano fuerte, con brazo extendido, con grande espanto, y con señales y con milagros (DEUTERONOMIO 26:8).

Porque no se apoderaron de la tierra por su espada, ni su brazo los libró; sino tu diestra, y tu brazo, y la luz de tu rostro, porque te complaciste en ellos (SALMO 44:3).

> Y Jehová hará oír su potente voz, y hará ver el descenso de
> su brazo, con furor de rostro y llama de fuego consumidor,
> con torbellino, tempestad y piedra de granizo (Isaías 30:30).

Parece que cuando el "brazo del Señor" alcanza el espacio de
nuestro mundo tiene algo que ver con señales y milagros, con liberación y con el brillante despliegue del poder de Dios. Isaías 52:10
nos dice: *"El Señor desnudó su santo brazo"*. ¿Cuál es el propósito de
su Presencia, y cuál es el propósito de los dones proféticos? Isaías
52:10 dice: *"Ante los ojos de todas las naciones, y todos los confines de
la tierra verán la salvación del Dios nuestro"* (ÉNFASIS MÍO).

> *¿Quién ha creído a nuestro anuncio? ¿y sobre quién se ha
> manifestado el brazo de Jehová?* (Isaías 53:1).

> *Yo hice la tierra, el hombre y las bestias que están sobre la
> faz de la tierra, con mi gran poder y con mi brazo extendi-
> do, y la di a quien yo quise* (Jeremías 27:5).

El "brazo del Señor" representa simbólicamente fuerza, poder, la
demostración del derecho de Dios para disciplinar y para liberar en
las Escrituras. Durante un tiempo de extenso ministerio en el área
de Los Ángeles, fui con Lou Engle, pastor de oración en la Iglesia
Harvest Rock en Pasadena, California, y algunos otros amigos, a una
expedición para hacer oraciones localizadas. Oramos en el sitio original del derramamiento de Azusa Street y también en la pequeña casa cercana donde primero el Espíritu Santo bautizó a los creyentes,
antes de que el pequeño grupo se mudara a Azusa Street. Luego nos
dirigimos a un lugar llamado Pisgah, el cual era otro centro de avivamiento pentecostal.

Hagamos surgir el brazo del Señor

Finalmente visitamos el Templo Angelos, la iglesia fundadora de
Four Square International Church (Iglesia Internacional del Evangelio Cuadrangular) establecida por Aimee Semple McPherson en

1920. Esa iglesia y el ministerio de Aimee Semple McPherson fueron muy poderosos en esos días. Después de atravesar el área de un pequeño museo y examinado algunos de los documentos exhibidos, nuestro maravilloso anfitrión condujo nuestro grupo de ocho hacia el auditorio, para orar.

Una vez que llegamos al auditorio y nos instalamos para orar, nuestro anfitrión nos dejó solos en ese increíble lugar. Vimos un gran piano hermoso colocado en la plataforma. Alguien mencionó que Aimee Semple McPherson lo tocaba durante sus servicios. En ese momento, mi querido amigo misionero Mark Young, de Tailandia, se sentó en el piano y comenzó a tocar en el espíritu. Luego solo esperamos en silencio en la Presencia del Señor en ese maravilloso auditorio que había hospedado y sido testigo de incontables milagros, señales y maravillas en este siglo.

Mientras esperábamos en el Señor, me senté en un escalón del frente de la plataforma, embebido de la dulce Presencia del Señor en ese lugar. Finalmente me recosté sobre la plataforma delante de la Presencia del Señor. Cuando primero entramos, fuimos impresionados por la perfecta acústica del auditorio. Tenía en el techo una alta cúpula. Usted podía hablar desde el escenario sin micrófono, y el sonido resonaba en todo el edificio con total claridad.

Mientras Mark tocaba el piano, yo comencé a orar en voz alta mientras me gozaba en la Presencia de Dios. Luego, comencé *realmente* a orar. Finalmente, empecé a profetizar a medida que algo comenzaba a crecer dentro de mí. Me instalé en un lugar de declaración profética, y comencé a profetizar:

> "Restauraré el altar sagrado. Restauraré mi fuego sobre mi altar. Restauraré. Voy a hacer manifiesto el brazo del Señor. Voy a liberar los ministerios apostólicos de restauración. Voy a restaurar los cuatro aspectos de mi evangelio. Voy a liberar los cuatro aspectos de mis criaturas vivientes que están alrededor de mi trono. ¡Dejen que el brazo del Señor venga!"

Después profeticé la restauración del evangelio de los cuatro escuadrones del Rey, el Salvador, el Bautista, el Sanador; y del MAR (el Ministerio Apostólico de Restauración). Es tiempo que comiencen los ministerios apostólicos de restauración.

Lo profético instituye la mesa

Por años ha sido profetizado que lo profético instituiría una mesa para lo apostólico. Debo declarar osadamente que es tiempo de comenzar. No doy definiciones de lo que es lo "apostólico", porque no es mi propósito ni especialidad. No obstante, es tiempo de que surjan los ministerios apostólicos de restauración.

Continué orando, profetizando y liberando declaraciones proféticas. Finalmente dije en voz alta: "¡Oh, que el altar del Señor sea restaurado!" Repentinamente, ¡sentí el piso comenzar a elevarse debajo de mí! No, no tenía un sueño ni una visión, y no estaba en un trance. Un altar comenzó a emerger del piso que debe haber medido casi un metro de ancho por cerca de dos metros de largo. Se mantenía subiendo, y yo profetizando: "El altar del Señor viene. El fuego viene sobre mi altar". Le relato un evento profético que realmente sucedió.

Un sacrificio vivo

Yo no podría ayudar, pero note la significación de mi posición sobre el altar que se elevaba mientras profetizaba vida y restauración. Dios busca sacrificios vivos de acuerdo a Romanos 12:1b: "... *presentéis vuestros cuerpos en sacrificio vivo, santo, agradable a Dios, que es vuestro culto racional"*. Nosotros somos el sacrificio que es agradable y aceptable a los ojos de Dios. Él es celoso de nosotros, y quiere que presentemos todo nuestro ser sobre su altar: espíritu, alma y cuerpo.

Cuando el altar alcanzó el fin de su trayecto, yo solo intenté descender: me deslicé lentamente hasta que el altar estuvo justo detrás de mí, mientras las otras personas del grupo observaban. Recuerdo que en ese lugar declaré en proclamación profética:

"Restauraré la fama de mi gran nombre en toda la Tierra. Restauraré los cuatro aspectos del evangelio. Restauraré mi verdad de ser Salvador, Bautista y Sanador. Liberaré mis cuatro aspectos y mis criaturas vivientes. Manifestaré y presentaré mi manga, y descubriré mi santo brazo derecho. Restauraré el antiguo altar. Pondré de manifiesto mi santo brazo derecho".

Las cosas probablemente terminarán diferente de lo que esperamos ahora, pero el Señor va a inspirar fresca enseñanza y revelación profética y apostólica sobre la antigua disciplina de la oración diurna y nocturna. Él va a liberar un nuevo entendimiento de dádiva extravagante y un nuevo lugar de santidad de corazón. El fuego de Dios es un fuego que todo lo consume, que puede secar el cáncer o convencer a los hombres de sus pecados.

Ministerios apostólicos de restauración

¿Qué es el brazo del Señor? Es un símbolo de la fuerza y el poder del Señor. Es la demostración de la capacidad de Dios para disciplinar y liberar. Es como que su brazo hace referencia a los ministerios apostólicos de restauración o a los ministerios apostólicos de equipo en este gran avivamiento. Pero aún más exactamente, el brazo del Señor se refiere usualmente a Jesucristo mismo: "Y yo desnudaré mi santo brazo derecho".

Usted sabe, no se trata de nosotros. No se trata de hombres y mujeres ungidos. Se trata de Jesús, el Cordero sacrificado que recibe la recompensa de su sufrimiento. Aclaremos nuestro enfoque. No se trata de nosotros. Se trata de nuestro maravilloso Mesías, Jesucristo, nuestra suprema majestad.

Se trata del poder de su gran Presencia. Si recuerda, yo mencioné cómo Dios una vez me dijo: "Voy a enseñarte a liberar el mayor arma de guerra espiritual. Voy a enseñarte a liberar el resplandor de mi gran Presencia". ¿Cuál es el mayor arma de guerra espiritual? Es Dios, Él mismo.

> ¿Qué es el brazo del Señor? Es un símbolo de la fuerza
> y el poder del Señor. Es la demostración de la capacidad
> de Dios para disciplinar y liberar. Es como que su
> brazo hace referencia a los ministerios apostólicos de
> restauración o a los ministerios apostólicos de
> equipo en este gran avivamiento.

El Señor ha buscado personas quebrantadas. Ha buscado personas humildes a quienes pueda confiar el tesoro de Dios, porque saben que no se trata de ellos, sino de Jesús. De acuerdo al Salmo
110:2, el Señor nos busca para poner su cetro de autoridad y poder
en sus manos, para que dominen sobre sus enemigos de Sión –la presencia constante de Dios–. Permitamos que el "equipo A" surja.
¡Que el brazo del Señor sea extendido! Es tiempo de que emerja un
pueblo anónimo, una generación de pequeños mayordomos cuya
pasión sea la exaltación de este único Hombre, Dios y Rey: Cristo Jesús, el Señor.

Capítulo 10

El día de la vigilia ha llegado

"Restauraré la antigua herramienta, la Vigilia del Señor, que ha sido y será usada nuevamente para cambiar la expresión del cristianismo sobre la faz de la Tierra."

Este capítulo final representa la tarea más difícil de este libro. ¿Por qué? Porque una carga ha sido colocada en mi corazón para quebrar la horrible maldición que ha sobrevenido y contaminado a la Iglesia y al ministerio desde los días en que Santiago se hizo eco de las enseñanzas de Jesús y amonestó a los creyentes:

*Pero sed **hacedores** de la palabra, y no tan **solamente oidores**, engañándoos a vosotros mismos. Porque si alguno es oidor de la palabra pero no hacedor de ella, éste es semejante al hombre que considera en un espejo su rostro natural. Porque él se considera a sí mismo, y se va, y luego **olvida cómo era*** (SANTIAGO 1:22-24, ÉNFASIS MÍO).

Algunos años han pasado desde que el Señor me dijo: "Es tiempo de comenzar". Desde entonces el fuego de Dios ha caído en incontables lugares a través del globo –incluyendo lugares supuestamente "inexpugnables" como Japón y Mecca–. Mi carga es despertar a los "salvos y redimidos" y recordarles quiénes son. Solo así ellos comenzarán a obedecer y orar por la salvación del perdido en la gran cosecha de Dios. Es algo muy extraño, pues ¡se ha probado que es el grupo más difícil de alcanzar!

Desde que Dios encendió mi carga por la Vigilia del Señor en Herrnhut, el lugar de la gran vigilia de oración de Moravia, no es accidente que Él me haya enviado para tomar de su profundo estanque de sabiduría una y otra vez a lo largo de mi viaje. El Día de la Vigilia ha llegado. Las palabras del Rev. John Greenfield, el gran evangelista y autor de Moravia, resuenan hoy como lo hicieron hace setenta años o más:

"La oración siempre precede al Pentecostés. El libro de los Hechos describe muchos derramamientos del Espíritu Santo, pero nunca separados de la oración. En nuestros días los grandes avivamientos Galés y de Corea fueron precedidos por meses, sino años, de oración continua y unida. Por eso la suprema importancia de las reuniones de oración, porque es "la casa poderosa de la Iglesia".[1]

En capítulos anteriores mencioné que el Señor me dijo: "Restauraré el Pentecostés". Muchas personas piensan que es una declaración extraña o incluso hereje. "Después de todo, Pentecostés sucedió una vez y para siempre". También hablé de la venida a la Tierra de un "Segundo Pentecostés", pero mientras completaba algunas investigaciones para este capítulo final, descubrí una forma mejor de describir esta obra de Dios: ¡Él envía *otro* Pentecostés!

Los moravos y muchos líderes supuestamente "fundamentales evangélicos" creyeron y oraron por lo mismo ¡y lo recibieron! ¡La única manera de extender el fuego es tomándolo! La teología nunca salvó a nadie, solo una experiencia personal con un Salvador vivo puede hacerlo. La teología nunca inició un avivamiento mundial. En cada caso, requirió una fresca revelación del Salvador vivo para encender al mundo con fuego del cielo. Antes que pueda participar en la Vigilia del Señor, usted debe ofrecerse a sí mismo como un sacrificio vivo en el altar de Dios, ¡y permitirle que lo bautice de nuevo en su fuego santo!

D. L. Moody, uno de los evangelistas y líderes conservadores más respetados de los Estados Unidos, dijo esto acerca del Espíritu Santo en uno de los últimos sermones que predicó en su vida:

"¡Miren como Él vino en el día de Pentecostés! No es carnal orar para que Él venga nuevamente y que el lugar sea conmovido. Creo que Pentecostés no fue sino un día ejemplar. Pienso que la iglesia ha cometido este lamentable error de que Pentecostés fue un milagro que nunca va a repetirse. Yo también pensaba que Pentecostés era un milagro que no iba a repetirse. Ahora creo que si miramos al Pentecostés como un día ejemplar y comenzamos a orar, deberíamos tener el antiguo fuego pentecostal aquí en Boston".[2]

Dios restaura el fuego del Espíritu Santo en su pueblo, ¡para que *nosotros* restauremos el fuego de la oración en su altar de incienso y liberemos la gloria de Dios sobre la Tierra! Observe el sorprendente paralelo entre el derramamiento del Espíritu Santo sobre el pueblo de oración en Jerusalén, y sobre otro pueblo de oración diecisiete siglos después en Herrnhut, Saxony:

"Verdaderamente la historia de la iglesia de Moravia confirma la doctrina del gran evangelista estadounidense [D. L. Moody] en cuanto a la necesidad y a la posibilidad del bautismo con el Espíritu Santo. Las experiencias espirituales de los hermanos de Moravia, hace dos siglos, tienen una sorprendente semejanza con el poder pentecostal y con los resultados en los días de los apóstoles.

"La compañía de creyentes, tanto en Jerusalén como en Herrnhut, eran en número poco menos que trescientas almas. Ambas congregaciones estaban, humanamente hablando, totalmente desprovistas de influencia, sabiduría, poder y riqueza del mundo. Sus enemigos los llamaban 'indoctos e ignorantes'. Su mejor amigo los describió de la siguiente manera:

Pues mirad, hermanos, vuestra vocación, que no sois muchos sabios según la carne, ni muchos poderosos, ni muchos nobles; sino que lo necio del mundo escogió Dios, para avergonzar a los sabios; y lo débil del mundo escogió Dios, para avergonzar a lo fuerte; y lo vil del mundo y lo menospreciado escogió Dios, y lo que no es, para deshacer lo que es, a fin de que nadie se jacte en su presencia (1 CORINTIOS 1:26-29).En ambas pequeñas y débiles congregaciones, Dios derramó de su Espíritu Santo y los dotó con el poder de lo alto. Inmediatamente estos creyentes, naturalmente tímidos y temerosos, fueron transformados en brillantes evangelistas. Conocimiento y poder sobrenatural pareció poseerlos. "Boca y sabiduría" les fue dado los cuales "ninguno de sus adversarios fueron capaces de contradecir o resistir".[3]

El mismo Dios que logró este milagro en Jerusalén y en Herrnhut en 1700, ¡parece determinado a hacer lo mismo a través de la Tierra antes del amanecer del milenio! Dios no está interesado en una "aprobación corporativa" del principio de avivamiento; Él demanda una entrega, un compromiso y un servicio completo y personal en oración y testimonio público para su gloria.

Cuando el pueblo de Dios se atreve a rendir al Espíritu Santo de Dios y luego vive una vida de continua oración consagrada, despliega un gozo contagioso que acercará al perdido a sí una y otra vez en divinos nombramientos de destino. Una editorial en el *Wachovia Moravian* describió a un "típico moravo" afectado por el derramamiento pentecostal de ese día:

"Hubo una condesa hace varias generaciones, quien ha llevado lo que el mundo llama 'una vida muy alegre'. Ella era de la alta sociedad, conectada en íntima amistad con reyes, emperadores y príncipes. Era un centro bienvenido en brillantes ocasiones de danza y festividad en vista de sus brillantes dones y conversación ingeniosa, y aún así fue afligida con una melancolía incurable. Ninguno de sus entretenimientos y recreaciones la satisfacía, y todo delante de ella y lo que la rodeaba parecía verdaderamente oscuro.

"Bajo el viejo disfraz de medir zapatos para los pies de sus clientes, un humilde zapatero de Moravia fue un día invitado a su presencia. Cuando abrió la puerta, ella fue conmocionada por la notable alegría que resplandecía en su rostro. Ella lo miró cercanamente mientras él se arrodillaba en su humilde tarea de medición, y fue profundamente impresionada por la felicidad natural escrita en su mirada. Ella fue llevada a decirle: 'Usted parece ser un hombre muy feliz'. 'Sí –él le dijo– soy muy feliz todo el tiempo'. 'Usted es muy diferente a mí –dijo la dama de linaje–. Yo solo soy tan miserable como cualquiera pudiera ser. ¿Piensa que podría decirme qué lo hace tan feliz?' 'No –dijo el zapatero moravo–. Estaré contento de decírselo. Jesús ha perdonado mis pecados. Él me perdona cada día y me ama, y eso me hace feliz todo el tiempo'.

"El trabajo se terminó y el hombre se retiró. Pero la condesa meditó en lo que él dijo. El pensamiento la condujo a la oración, y la oración a la convicción, y la convicción rápidamente la llevó a una fe gozosa en el Salvador del zapatero. Se convirtió en testigo de Cristo entre las personas de renombre, y especialmente en la corte del Emperador de Rusia, Alexander I, su íntimo amigo."[4]

La intención de Dios

Matthew Henry escribió: "Cuando Dios propone gran misericordia para su pueblo, la primer cosa que hace es llevarlos a la oración".[5] Dios propone cubrir la Tierra con su gloria, con un torrente de misericordia y gracia. Pero primero Dios debe despertar a su gigante dormido, la Iglesia. ¡Es tiempo que usted y yo sacudamos el mundo para Cristo desde nuestros lugares de oración prevaleciente! Ya no podemos darnos el lujo de escuchar la urgente palabra del

Señor y caminar pasivamente. El llamado es el mismo sin importar que título o sabor adornen la señal sobre la puerta de nuestro lugar de adoración.

Estoy compelido en el espíritu para animarlo a orar. Después de ministrar un mensaje sobre "La Vigilia del Señor" en Mobile, Alabama, EE.UU., regresé a casa para descubrir que me habían enviado por correo un cuadro enmarcado, muy hermoso. Este gracioso mensajero no tenía idea del efecto que ese cuado tendría en mi vida. Personalmente creo que este cuadro constituye ¡la mayor palabra profética que jamás haya recibido en mi vida! Es un cuadro de proporciones monumentales frente a mis ojos.

El cuadro representa una gran ciudad rodeada por un muro protector. Una colina se eleva a un lado y viniendo de esa colina estaban cientos de invasores, a caballo. El cuadro también describe a un vigía sobre el muro: *un vigía que se había quedado dormido*. La trompeta que normalmente se usada para señalar el acercamiento del peligro, reposaba inútil al lado del inactivo vigía. Mientras tanto el enemigo se acercaba más y más a la indefensa ciudad.

> **Jesús nos advirtió once veces que "estemos vigilando, alertas, despiertos, cuidando que nadie nos engañe".**
> **Muchos de nosotros hemos parado de escuchar y de vigilar.**

Cuando primero desenvolví el cuadro, pensé: "Señor, es maravilloso. Es un gran regalo". Luego leí el versículo dedicado abajo de la escena, y repentinamente ya no estaba tan emocionado como antes. El versículo era Ezequiel 33:6, el cual dice: *"Pero si el atalaya viere venir la espada y no tocare la trompeta, y el pueblo no se apercibiere, y viniendo la espada, hiriere de él a alguno, éste fue tomado por causa de su pecado, pero demandaré su sangre de mano del atalaya"* (ÉNFASIS MÍO).

Evito usar este pasaje de las Escrituras de manera legalista o condenatoria, sino que este hizo que la "sobriedad de Dios" caiga en mi ser interior. Sé que soy llamado a ser un atalaya del Señor.

No quiero cumplir la representación fracasada del cuadro. Jesús nos advirtió once veces que "estemos vigilando, alertas, despiertos, cuidando que nadie nos engañe". Muchos de nosotros hemos parado de escuchar y de vigilar.

Dios llama a sus atalayas, a todo santo lavado con la sangre, y rey y sacerdote redimido, en grupos de dos o tres, para que vengan juntos al muro. Hace surgir las antiguas herramientas para traer salvación a nuestra generación. ¿Cree que los huesos de los muertos pueden vivir nuevamente?

Creo que los huesos de los muertos *vivirán* nuevamente. Creo que el mismo Espíritu que mantuvo las promesas de Dios para generaciones en el pasado, ¡espera que entremos al Lugar Santísimo en nuestro tiempo y nuestra generación! Solo hay un camino que puede tomar si ha recibido y creído el mensaje de este libro: necesita ser poseído. No cierre su mente y las páginas de este libro; ¡es un concepto de la Biblia! ¡Dios quiere que sea poseído con su Espíritu de la misma manera que lo fue Gedeón! La Biblia Ampliada dice:

> Pero el Espíritu del Señor revistió a Gedeón y lo
> poseyó, y él toco la trompeta y la gente de Abiézer
> se unió a él (Jueces 6:34).

¡Sea un poseído!

Dios espera un pueblo que sea poseído. Quiere un pueblo que literalmente sea revestido de Dios mismo, y toque la trompeta con santa osadía como los atalayas sobre el muro. ¿Está dispuesto a ser poseído? ¿Está preparado para un cambio radical de vestimentas?

Siempre me ha gustado Gedeón porque puedo identificarme realmente con él. Él atendía sus propios negocios y trabajaba en su propio campo cuando alguien –un ángel del Señor– tocó su hombro y le dijo: "Eh tú, esforzado hombre valiente, Dios quiere usarte".

Puedo imaginar a Gedeón mirando alrededor y diciendo: "¿A quién le estás hablando, amigo? (ver Jueces 6:11-17). Así como fue con

Gedeón, el análisis de Dios de nuestro potencial es inmensamente diferente del nuestro. Dios busca un pueblo que entienda cuán pequeño es y cuán grande es Él. Luego Él ama trastornar las mesas sobre todos los negativos y competidores, quiere poseernos y tomar residencia dentro de nosotros.

El padre de Gedeón no era un hombre justo, porque había construido lugares altos en honor a ídolos y dioses falsos. Todos los cercanos venían al sitio para celebrar sus diabólicos ritos de idolatría. De la misma manera, nuestra nación ya no puede ser llamada una "nación cristiana", porque nos hemos vuelto a los ídolos del orgullo, del placer personal y de la rebelión. No obstante, el Espíritu del Señor le dio a Gedeón la tarea de derribar los lugares altos que ¡su padre había construido! Gedeón decidió obedecer la orden del ángel, pero se cuestionaba: "No estoy bastante seguro, porque me estás hablando de dividir mi propia familia".

Estaba tan atemorizado de la reacción de su padre ante la destrucción de los lugares altos, que lo hizo de noche. El intento desmañado de Gedeón de esconder su acto no funcionó, evidentemente, porque uno de los diez hombres que lo ayudaron decidió decir todo (VER JUECES 6:29). Cuando los enojados adoradores del ídolo confrontaron al padre de Gedeón, Joás, él dijo proféticamente: "Si [Baal] es un dios, contienda por sí mismo con el que derribó su altar" (VER JUECES 6:31B).

Aunque Joás pretendió que esta declaración fuera una maldición sobre el culpable, estableció una prueba de verdad similar a la confrontación de Elías con los sacerdotes de Baal, cuando el fuego de Dios consumió el holocausto, la leña, las piedras y el suelo, y hasta lamió el agua de la zanja. En las tradiciones antiguas de esos días, se entendía que toda persona que se atreviera a romper la maldición recibiría un castigo en su propia vida.

Gedeón enfrentó algunos problemas serios ese día. Usted puede enfrentar algunos obstáculos en su vida que hacen que el compromiso con el llamado del Señor parezca imposible o incluso suicida. El Señor busca incansablemente un pueblo que supere las pequeñas mentalidades, inseguridades y temores, para permitir que Él tome el control. Cuando permite a Dios revestirlo de sí mismo, cuando se "pone en Cristo", usted tendrá una perspectiva totalmente diferente de los obstáculos que lo desafían hoy.

Demasiados cristianos están atemorizados de salir de sus zonas de comodidad y aventurarse hacia lugares que el mundo –y muchos cristianos– llama "demasiado radical".

El sistema de recompensa de Dios

Dios tiene una recompensa para las personas que se atreven a salir de la orilla y solo continúen. Hubo una recompensa para Gedeón. Él calculó el costo de obedecer la orden de Dios. Tenía que enfrentar su temor paralizante a la represalia si se atrevía a ir en contra de la familia de su propio padre. Gedeón calculó el costo y se paró en la línea en obediencia a Dios. Sin embargo, era lo suficientemente "humano" como para hacer el acto en la oscuridad de la noche, pero el punto es que obedeció. Una vez que salió, la Biblia dice que "se hizo fuerte". ¡Se hizo más fuerte!

> Mire lo que le sucede al hombre que avanza por "más" de Dios en su vida. La Biblia dice: *"Entonces el Espíritu de Jehová vino sobre Gedeón, y cuando éste tocó el cuerno, los abiezeritas se reunieron con él"* (Jueces 6:34).

Yo estaba en una conferencia de oración en Canadá, hace varios años, después de haber pasado tres meses buscando a Dios. En muchos de aquellos días oré en lenguas por cuatro a seis horas por día. Este viaje a Canadá fue mi "primera salida" después de tres meses de oración. Ingresé al lugar de intercesión allí en Canadá, y el Espíritu Santo iluminó este versículo en Jueces capítulo 6. Él puso en mi corazón que leyera este pasaje de la Versión Ampliada.

Como siempre cuando entro en intercesión y dolor, estoy sentado en el piso de la habitación. Cuando fui a Jueces 6:34 en la Biblia Ampliada de mi esposa, leí estas palabras con asombro: "Pero el Espíritu del Señor *revistió a Gedeón y lo poseyó*, y él toco la trompeta y la gente de Abiézer se unió a él".

> Escuchamos hablar mucho acerca de personas que son poseídas por el diablo, pero tengo algo importante para decirle: Dios busca un pueblo al que pueda poseer.

He recibido una palabra del Señor para usted: sea poseído. Escuchamos hablar mucho acerca de personas que son poseídas por el diablo, pero tengo algo importante para decirle: Dios busca un pueblo al que pueda poseer. Quiere hacer más que ser el dueño legalmente de nosotros porque Él nos compró con su sangre. También quiere *tenernos* realmente. No sé usted, pero yo quiero ser poseído por y con el Señor. Quiero ser literalmente revestido de Él. Lo animo a permitir a Dios que venga sobre usted, a ser poseído por Dios.

Mire la evidencia en la Biblia. Cuando el Espíritu del Señor vino sobre o tomó posesión de Gedeón, ¡él fue transformado en un nuevo hombre! No fue más solo un pequeño sujeto con una boca llena de excusas sobre cuán pobre era su tribu. fue poseído por Dios. Se atrevió a tocar la trompeta y, repentinamente, para su sorpresa, ¡miles de personas súbitamente estuvieron dispuestos a seguirlo!

En un momento era un granjero en un campo de cebada. Al siguiente momento es poseído por Dios y ¡ve a treinta y dos mil hombres armados venir ante su simple orden, listos para una batalla mortal con los madianitas, que tenían a los judíos en esclavitud! Este debe haber sido un gran día.

¡Formemos el equipo!

La obra de transformación de Dios no se detuvo allí. Dios estuvo dispuesto a levantar un verdadero líder, no solo un héroe de una época, pronto a ser olvidado. Cuando Dios descendió para examinar las tropas recientemente establecidas, dijo a Gedeón: "Amigo, hay muchos de ellos allí afuera. De hecho, hay tantos contigo que *si ganan*, los hombres se mirarán a sí mismo y dirán: 'Nosotros lo hicimos'".

> Y Jehová dijo a Gedeón: El pueblo que está contigo es mucho para que yo entregue a los madianitas en su mano, no sea que se alabe Israel contra mí, diciendo: Mi mano me ha salvado. Ahora, pues, haz pregonar en oídos del pueblo, diciendo: Quien tema y se estremezca, madrugue y devuélvase desde el monte de Galaad. Y se devolvieron de los del pueblo veintidós mil, y quedaron diez mil (JUECES 7:2-3).

Esta escena era similar a las pruebas públicas para los equipos de basketball de Los Ángeles Lakers o Chicago Bulls. Un montón de personas respondió al llamado de Gedeón, pero solo un tercio hizo que quedara el primer corte de personas que estaban temerosas y atemorizadas. Más de dos tercios de la multitud milagrosa de Gedeón, se fue. Este porcentaje estadístico probablemente se mantendría cierto hoy.

> Y Jehová dijo a Gedeón: Aún es mucho el pueblo; llévalos a las aguas, y allí te los probaré; y del que yo te diga: Vaya éste contigo, irá contigo; mas de cualquiera que yo te diga: Este no vaya contigo, el tal no irá. Entonces llevó el pueblo a las aguas; y Jehová dijo a Gedeón: Cualquiera que lamiere las aguas con su lengua como lame el perro, a aquél pondrás aparte; asimismo a cualquiera que se doblare sobre sus rodillas para beber. Y fue el número de los que lamieron llevando el agua con la mano a su boca, trescientos hombres; y todo el resto del pueblo se dobló sobre sus rodillas para beber las aguas (JUECES 7:4-6).

Veintidós mil de los sorprendentes ayudantes de Gedeón fueron atemorizados. Esto es fácil de entender. Esto lo dejó con diez mil hombres armados para la batalla. Luego vino el "Corte número dos". Dios dijo: "Envíalos al río para que beban agua. Y quiero que los mires mientras lo hacen. Cualquiera que se arrodilla envíalo a casa. Pero cualquiera que lame el agua como un perro, consérvalo. Puedo salir con ellos".

Me pregunto si Gedeón pensó algo como esto: "Seguro Dios, sí, está bien". No importa, porque las acciones de Gedeón hablaron más fuerte. Él envió diez mil hombres armados en estampida al río, para beber, y nueve mil setecientos de esa clase de jugadores de fútbol se pusieron de rodillas y pusieron sus caras en el agua. El problema era que cuando estos tipos estaban sobre ambas rodillas con la mitad de sus caras en el agua, lo único que podían ver era su propio reflejo.

Menos de un hombre de cada diez logró este corte final, que dejó a Gedeón con solo trescientos de su original ejército de treinta y dos mil hombres. Sin embargo, se sintió bien con esto porque estos hombres satisficieron el principal requerimiento de Dios de aptitud para la batalla: "Mira a aquellos que lamen el agua como un perro".

No sé si alguna vez ha observado a un perro comer o beber, pero los perros siempre *vigilan* mientras comen o beben. Mantienen un ojo sobre el tazón de agua y un ojo sobre el terreno para ver quién se acerca. Un perro no se esconde aunque esté comiendo o bebiendo. Esto me suena como el mensaje de Jesús en los Evangelios. Cuatro veces Él nos dijo: "No teman" —este es el primer corte—. Cuatro veces dijo: "Resistan, permanezcan" —este es el segundo corte—. Unas once veces el Señor nos ordenó: "Vigilen" —el requerimiento final y más importante para la batalla—.

Las herramientas de Nehemías

Cuando Nehemías el profeta arriesgó todo para reconstruir el muro de Jerusalén en un territorio ocupado, lleno con violentos enemigos, lo primero que hizo fue establecer atalayas sobre los muros. De hecho, todo aquel que trabajaba en el muro era obrero y atalaya, constructor y soldado. Trabajaban con una cuchara de albañil en una mano y una lanza en la otra.

Dios rápidamente pone las cosas en su lugar para construir su iglesia en una obra rápida. Nuevamente este proyecto de construcción toma lugar en un territorio temporalmente ocupado, rodeado por enemigos violentos y desesperados. Lo primero que Dios pone en su lugar es "la Vigilia del Señor". Usted ya ha hecho los dos primeros "cortes". Ahora Él lo ha conducido al río para probarlo. ¿Se mirará a sí mismo, a lo que tiene, y estará contento con lo que ve? ¿O recibirá ansiosamente sus dones hoy pero vigilará cuidadosamente las señales del Maestro y los planes de los enemigos?

¿Cuáles son las recompensas por estas labores? Si pudiera hacer a los moravos esta pregunta, ellos instantáneamente responderían: "Ganar para el Cordero que fue muerto, la recompensa de sus sufrimientos". Las oraciones del "poseído" son más poderosas de lo que cualquiera de nosotros sabe.

Un historiador alemán llamado Dr. Warneck escribió en su libro, *Protestant Missions* (*Misiones protestantes*): "Esta pequeña iglesia –los moravos– en veinte años *hizo llamados a estar* en las misiones más de lo que toda la iglesia evangélica ha hecho en dos siglos".[6]

La obra del Espíritu Santo fue tan completa y profunda en el pueblo de Herrnhut, ¡que ellos comenzaron literalmente a vivir en microcosmos el plan de Dios para su Novia sin mancha cuando Él regrese! Escuche las palabras que John Wesley escribió después de visitar Herrnhut en agosto de 1738, registrado por el historiador moravo, el Rev, John Greenfield:

"'Dios me ha concedido por fin' –escribió a su hermano Samuel– 'el deseo de mi corazón. Estoy con una iglesia cuya conversación está en el cielo, en quienes está la mente que estuvo en Cristo, y quien camina como Él caminó'. En su diario escribió: 'Alegremente he pasado mi vida aquí, pero mi Maestro me llamó a una obra en otra parte de su viña. Oh, ¿cuándo esta cristiandad cubrirá la Tierra, así como las aguas cubren el mar?'"[7]

En una escala mundial

Dios procuró completamente hacer sobre una escala mundial lo que hizo hace más de veinte años entre un grupo dividido de creyentes de diversos trasfondos. Él desea levantar una iglesia, una nación de reyes y sacerdotes, cuya determinación sea conocer nada entre los hombres, sino a Jesucristo y a este crucificado, cuya teología se haya convertido en cristología, y cuyo credo esté en una palabra: "cruz".

¿Está dispuesto a ser "poseído por la oración"? ¿Rendirá su ser como un sacrificio vivo este mismo día para que Dios pueda revestirlo de sí mismo y conducir la guerra por las almas? Pequeñas llaves abren grandes puertas. ¡Lo que sube debe bajar! La clave para la realización y la fructificación en su vida es hallada en una palabra de significado eterno: "Sí". Su comisión es clara: como rey y sacerdote lavado con la sangre de Jesús, su llamado de toda la vida es ofrecer fuego e incienso de oración, alabanza, adoración e intercesión al Dios Supremo, e interceder en favor de esta generación perdida y moribunda.

> La clave para la realización y la fructificación en su vida, es hallada en una palabra de significado eterno: "Sí".

Permita al Espíritu de Pentecostés caer sobre usted una vez más con todo su fuego y gloria. Encuentre a aquellos con esta misma mentalidad quienes también hayan descubierto los secretos y el poder del altar de oración de Dios. Únase con otro u otros dos para armonizar sus pedidos a Dios mientras restaura la Vigilia del Señor en su área. Trabaje con su pastor o miembros de la iglesia para levantar una "casa de oración por todas las naciones", que verdaderamente cumpla el deseo de Dios.

Ore por la cosecha, por obreros de la cosecha. Busque el rostro de Aquél que desnudó su brazo derecho en Cristo Jesús y lo redimió del reino de la oscuridad. Luego haga con todo su corazón cualquier cosa y todo lo que Él le diga. Los moravos descubrieron el lugar secreto de poder llamado oración. Ellos también vivieron otro secreto de efectiva vida cristiana: que *todos los hombres y mujeres* son ministros del evangelio de Jesús y mayordomos de una esperanza sagrada que debe ser pregonada en toda ocasión a las personas heridas.

Es tiempo de montar la Vigilia del Señor. Es tiempo de encender los fuegos de vigilia y restaurar el arte perdido de la intercesión, la antigua herramienta del Señor, a la iglesia del Señor. ¡Permita que comience!

Una oración de consagración

Aquí estoy, Señor. Poséeme con tu vida santa. Enséñame a liberar el arma más grande de guerra espiritual: el resplandor de tu gran Presencia. Que el fuego de tu amor arda sobre el altar de mi corazón. Que haya fuego en mi altar y que nunca se apague. Cuenta conmigo. Contrátame como un atalaya sobre tu muro. Restaura el arte perdido de la intercesión. Restaura el poder y la pasión de la Vigilia del Señor. Por Cristo. Amén

Notas

1. Rev. John Greenfield, *Power From on High Or the Two Hundred Anniversary of the Great Moravian Revival 1727-1927* (*Poder desde lo alto, el 200º aniversario del gran avivamiento de Moravia 1727-1927*) (Atlantic City, New Jersey; El movimiento mundial de avivamiento de la oración, 1927), p. 23.

2. Greenfield, *Poder*, pp. 13-14.

3. Greenfield, *Poder*, pp. 16-17

4. Greenfield, *Poder*, pp. 54-55.

5. Greenfield, *Poder*, p. 23.

6. Greenfield, *Poder*, p. 19.

7. Greenfield, *Poder*, p. 67.

El Vidente

EL PODER PROFÉTICO DE LAS VISIONES, LOS SUEÑOS Y LOS CIELOS ABIERTOS

¡Únase a **Jim Goll** en un viaje emocionante al mundo de El Vidente! Los movimientos proféticos en la historia de la Iglesia y la vida contemporánea se han dado por dos corrientes poderosas: el profeta, cuya revelación es primeramente verbal, y el vidente, de una revelación más visionaria en naturaleza. Mientras que el rol del profeta es conocido, poco se sabe acerca de la dimensión del vidente. Para muchos, estos profetas visionarios son un misterio, gente de otro mundo, completamente extraños.

El conocimiento ahuyenta los malos entendidos. Únase al autor, Jim Goll, en un viaje emocionante y revelador hacia esta dimensión menos conocida -el visionario mundo del vidente. Descubrirá el poder profeético de los sueños, visiones y cielos abiertos.

¿Cómo es que "suceden" las revelaciones y visiones? ¿Son siempre confiables? ¿Dónde encajan en la vida de la iglesia hoy? ¿Cualquier creyente puede llegar a ser un vidente o ésta es una dimensión reservada para algunos ungidos?

El vidente tocará su corazón y avivará la pasión por la intimidad con Dios, porque "el objetivo del vidente es revelar a Jesucristo a los hombres".

Esperamos que este libro haya
sido de su agrado.
Para información o comentarios,
escríbanos a la dirección
que aparece debajo.
Muchas gracias.

Libros para siempre

info@peniel.com
www.editorialpeniel.com